Räuber, Gauner und Vagabunden

Reinhold Neeb

Räuber, Gauner und Vagabunden

Kriminalität im alten Oberhessen

Brühlscher Verlag Gießen

Titelbild

Die Ermordung des Landleutnants Emeraner

1. Auflage 1987

Einbandgestaltung: Jürgen Schäfer, Dorlar
Gesamtherstellung: Brühlsche Universitätsdruckerei Gießen

ISBN 3-922300-33-2

Inhaltsverzeichnis

Die Vogelsberger Räuberbanden und ihre Verbrechen

Die Wetterauer Räuberbanden und ihre Verbrechen

Vorwort

„Das Leben der Vornehmen ist ein langer Sonntag, sie wohnen in schönen Häusern, sie tragen zierliche Kleider, sie haben feiste Gesichter und reden eine eigene Sprache; das Volk aber liegt vor ihnen wie Dünger auf dem Acker. Das Leben des Bauern ist ein langer Werktag; Fremde verzehren seine Äcker vor seinen Augen, sein Leib ist eine Schwiele, sein Schweiß ist das Salz auf dem Tische des Vornehmen."

Mit diesen Worten versuchten Georg Büchner und Friedrich Ludwig Weidig 1834 im „Hessischen Landboten" den oberhessischen Bauern und Handwerkern das Elend ihrer Situation klarzumachen und sie – allerdings vergeblich – unter der Parole der französischen Revolutionsheere „Friede den Hütten, Krieg den Palästen!" zu einem Aufstand gegen die sie ausbeutende fürstliche Obrigkeit, den Großherzog von Hessen-Darmstadt, zu bewegen.

Die ‚große Zeit' der oberhessischen Räuber und Räuberbanden, während der sie rund hundert Jahre lang – etwa von 1720 bis 1820 – in Vogelsberg, Wetterau und den angrenzenden Gebieten immer wieder Ordnungskräfte und Bürger beunruhigt hatten, war damals schon vorbei. Doch die erbärmlichen Lebensverhältnisse des größten Teils der Bevölkerung, die gar manchen zu einem Diebstahl oder einem Überfall als letztem Ausweg vor dem Verhungern trieben, waren die gleichen, wenn nicht durch die zahlreichen Kriege, die im 18. Jahrhundert Oberhessen verwüsteten, noch schlimmer.

Keiner der oberhessischen Gauner und Räuber wurde so bekannt wie der aus dem Taunus stammende „Schinderhannes" (Johannes Bückler, 1783 – 1803), der in den von den Franzosen besetzten Gebieten des Mittelrheins – vor allem in Hunsrück und Soonwald – so manchen wohlhabenden Kaufmann überfiel. Das stets als „Land der armen Leute" bekannte Oberhessen bot für große Beute an Talern und Dukaten nur selten Gelegenheit. Lediglich der eine späte Ausnahme bildende „Postraub in der Subach" (1822), der mit der spektakulären Enthauptung von fünf der insgesamt acht Beteiligten auf dem Gießener Marktplatz endete, ist durch Volker Schlöndorffs Film „Der plötzliche Reichtum der armen Leute von Kombach" (1973) und durch eine Dramatisierung der Marburger Theatergruppe „Feuerzunge" unter dem Titel

„Deutschland – kalte Erde“ (1987) in letzter Zeit stärker ins Bewußtsein der Öffentlichkeit getreten. Weitaus der größte Teil der von oberhessischen Räubern begangenen Untaten aber waren kleine Überlebensdiebstähle wie der Raub eines Huhns oder eines Kupferkessels.

Schon die in der Carolina, dem 1532 von Karl V. geschaffenen und für Jahrhunderte gültigen ersten deutschen Strafprozeßbuch, festgelegten „Körperstrafen“ waren für unsere heutigen Vorstellungen außerordentlich grausam: Der Diebstahl eines Huhns konnte das Abhacken der rechten Hand, ein Einbruch die Enthauptung nach sich ziehen.

Die 1768 von Maria Theresia geschaffene Theresiana, die österreichische ‚Halsgerichtsordnung‘, verschärfte diese Strafen noch ungemein: Vor seinem Tode wurde der Delinquent nun so unglaublichen Foltern und Qualen ausgesetzt, daß das althergebrachte Zerstampfen des auf ein Rad Geflochtenen fast schon als eine Gnade galt.

Die Idee zu diesem Buch erwuchs aus einer anderen heimatgeschichtlichen Arbeit, einer Sammlung oberhessischer Volkslieder, die drei Freunde, meine Frau und ich in den Jahren 1982/83 unternahmen und die unter dem Titel „Nun laßt uns singen“ ebenfalls im Brühlschen Verlag, Gießen, veröffentlicht wurde. Durch diese erste bewußte Konfrontation mit der Geschichte meiner oberhessischen Heimat begann ich mich für das Schicksal jener „fahrenden Leute“ zu interessieren, die noch in den 20er und 30er Jahren in der Scheune meiner Großeltern gelegentlich übernachtet hatten. Schließlich wurde ein Buch über die Räuber, Gauner und Vagabunden des alten Oberhessen daraus. Zu danken habe ich vor allem meinem Cousin Hans-Jürgen Fuchs, Wiesbaden, der das Manuskript kritisch durchgesehen hat und dessen Rat und Tat in die vorliegende Arbeit eingeflossen ist.

Helpershain/Rüsselsheim, im Mai 1987

Reinhold Neeb

„Gott straft das Böse, (...) das ist recht, und ich empfinde an mir die Wahrheit. (...) Aber sagen Sie mir, warum strafet Gott nicht diejenigen, die größeres Unheil auf der Welt anrichten als ich?“

Friedrich Schwahn, der „Verbrecher aus verlorener Ehre“, vor seiner Hinrichtung am 30. Juli 1760

„Es ist schimpflich, eine Börse zu leeren, es ist frech, eine Million zu veruntreuen, aber es ist namenlos groß, eine Krone zu stehlen. Die Schande nimmt ab mit der wachsenden Sünde.“

Friedrich Schiller,
„Die Verschwörung des Fiesco zu Genua“, III/2

Foto: Dr. H.-J. Fuchs, gesehen am Hohhaus-Museum in Lauterbach

Einleitung

Rund 250 Jahre lang – von 1570 bis 1820 – gehörten Räuber und Räuberbanden in den waldreichen Gebieten des alten Oberhessen wie in vielen anderen damaligen deutschen Landen mit zu den prägenden gesellschaftlichen Erscheinungen. Am stärksten traten sie in den letzten hundert Jahren dieses Zeitraums auf, und innerhalb dieser hundert Jahre wieder am deutlichsten in den durch die Wirren der „Franzosenzeit“ und den Mangel an staatlicher Ordnung gekennzeichneten Jahre 1790 bis 1815.

Als Gebiet Oberhessen ist hier der mittelhessische Raum gemeint, dessen Einheit vor allem durch den dort gesprochenen oberhessischen Dialekt gegeben ist: Vogelsberg, Wetterau, Schwalm und das Gießener Bekken.

Herrschaftlich waren die oberhessischen Gebiete im Laufe der Jahrhunderte einem steten Wechsel unterworfen, und es kristallisierten sich dann zu Beginn des 19. Jahrhunderts zwei mittelhessische Provinzen heraus, von denen die nördliche zur Landgrafschaft Hessen-Kassel, die südliche zur Landgrafschaft Hessen-Darmstadt gehörte, die jedoch beide mißverständlicherweise den Namen ‚Oberhessen‘ trugen. Provinzhauptstadt des kurhessischen Oberhessen war Marburg, Provinzhauptstadt des darmstädtischen Oberhessen Gießen.

In der zweiten Hälfte des 18. Jahrhunderts, der Zeit des späten Absolutismus, zeigte sich die fürstliche Willkürherrschaft noch einmal von ihrer schrecklichsten Seite. Not und Elend des einfachen Volkes waren groß. Die Ausbeutung durch die Fürsten und den Adel lastete schwer auf dem Bauernstand, ihre Macht wurde oft mit rücksichtsloser Härte zur Geltung gebracht.

Nach dem Niedergang der Leineweberei im 18. Jahrhundert gehörte Oberhessen zu den ärmsten Regionen des Deutschen Reiches. Verarmte Bauern versuchten, auf steinigen und harten Böden ihren Lebensunterhalt mit Ackerbau, Viehzucht und ein bißchen Handwerk zu bestreiten. Landwirtschaftliche Maschinen kannte man zu dieser Zeit noch nicht. Anstelle eines Traktors wurden Kühe vor einen aus Holz gebauten Leiterwagen gespannt; die Bearbeitung des Feldes wurde durch harte Handarbeit verrichtet.

Eine Häufung von Wetterkatastrophen, Mißernten und fürstliche Willkür steigerten noch das Elend der Bauern, die in dieser Zeit auch unter den zahllosen Kriegen litten. Oberhessen wurde aufgrund seiner geographischen Lage von den kriegerischen Auseinandersetzungen stark heimgesucht, auch wenn es am Krieg nicht selbst beteiligt war. Wenn es auch nicht zum offenen Krieg kam, so wurde doch bei Landdurchwanderungen immer geraubt und geplündert, was der Bevölkerung zusätzlich starken Schaden zufügte. Die Kriegswirren ließen das Land ausbluten, auch die Stationierung von Truppen verschlang Unsummen. Wer noch etwas besaß, klammerte sich an das Wenige.

Während folgender Kriege wurde Oberhessen stark in Mitleidenschaft gezogen:

im Dreißigjährigen Krieg (1618 – 1648),
im Österreichischen Erbfolgekrieg (1740 – 1748),
im Siebenjährigen Krieg (1756 – 1763),
in den Französischen Revolutionskriegen (1792 – 1802)
und in den Napoleonischen Kriegen:
der Dritte Koalitionskrieg (1805 – 1807),
der Rußland-Feldzug (1812) und
der Deutsche Befreiungskrieg (1813/1814).

Eine glückliche Zeit in Unabhängigkeit und Wohlstand hatten die Fürsten vor dem Sieg über Napoleon der Landbevölkerung versprochen. Als es jedoch soweit war, konnte sich niemand mehr an diese Worte erinnern. Auf dem Wiener Kongreß 1814/15 achtete jedes Fürstengeschlecht streng darauf, daß alles so blieb wie es war. Jeder Landesherr prägte seine eigenen Münzen, legte seine eigenen Maße und Steuern fest. Auch das Rechtssystem wurde nach eigenem Gutdünken gestaltet.

Als 1820 die Leibeigenschaft im Großherzogtum Hessen abgeschafft wurde und sich so mancher nach einer besseren Zukunft sehnte, folgten neue und nur schwerlich zu bezahlende Steuern an die Fürstenhäuser. Sie machten die Lage der Bauern noch aussichtsloser. Durch „Bauernlegen" wurden viele verschuldete Bauern von ihrem Grund und Boden vertrieben, der in die Hände weniger Wohlhabender überging.

Ein Heer besitzloser Tagelöhner entstand. Es kam wie schon im 18. Jahrhundert zu Massenauswanderungen aus Oberhessen, andere drängte die Armut in die Kriminalität. Diese Not in den oberhessischen Dörfern zwang viele, überwiegend vom Diebstahl zu leben.

Herkunft, Leben und Sprache der Räuber und Vaganten

Raubritterbanden des 16. Jahrhunderts

Erste Anzeichen des Räuberunwesens zeigten sich in Oberhessen im letzten Drittel des 16. Jahrhunderts. Die Angehörigen dieser Räuberbanden stammten noch nicht wie später aus dem gemeinen Volk, sondern waren verarmte Ritter, die im Zuge des Niedergangs des Ritterwesens nun auf ganz unritterliche Art und Weise ihr Leben zu fristen versuchten, indem sie Kaufleute und Händler überfielen. Im Jahre 1569 wird das Treiben einer solchen Raubritterbande erstmals urkundlich für Oberhessen belegt. Angeblich waren es die ehemaligen Genossen eines fränkischen Adligen, die als Raubritter in diesen Jahren die Gegend um Gießen und Wetzlar und die Wetterau unsicher machten. Nach ihrem Anführer Anton von Pflugk nannte man sie die Pflugksche Bande.

Ihr spektakulärster Überfall fand im September 1569 statt, als sie jüdische Kaufleute aus Wetzlar, die auf der Heimreise von Frankfurt waren, ausraubten und mißhandelten.

Im Gegensatz zu den ‚gemeinen' Räubern des 18. Jahrhunderts versteckten sich die Raubritter noch nicht in unwegsamen Wäldern, in Höhlen oder im Gebirge, sondern residierten noch stolz nach ritterlicher Art in adligen Sitzen. Hauptsitz der Pflugkschen Bande war die Reichsburg Friedberg; doch saßen sie angeblich auch in der Burg Staden (bei Büdingen), in der Ganerbenburg Lindheim und in Burg Reiffenberg.

Von der Zahl ihrer Mitglieder muß die Pflugksche Bande schon ein ansehnlicher Landsknechthaufen gewesen sein. Neben dem vermutlichen Anführer Anton von Pflugk sind noch die Namen von weiteren elf Adligen belegt; außerdem gehörte vermutlich eine größere Schar von Knechten und Söldnern zu dieser Bande, da sie sonst wohl kaum in der Lage gewesen wäre, eine solch stattliche Burg wie die Reichsburg in Friedberg zu besetzen und eine Zeitlang für sich zu halten. Das Ende der Pflugkschen Bande liegt im dunkeln. Da eine offizielle Gefangennahme mit Sicherheit in den Urkunden aufgezeichnet worden wäre, wird sie sich wohl nach einigen Jahren aufgelöst haben oder in andere Gegenden weitergezogen sein, um dort zu plündern.

Die Herkunft der Vaganten, der unehrlichen Leute und der Räuber

Im 18. Jahrhundert mußten viele Bauern nach Mißernten und Teuerungen den Hof aufgeben, andere kamen als Krüppel aus den verschiedensten Kriegen zurück. Versprengte Soldaten und Deserteure belagerten die Straßen. Nennenswerte Industrie mit Arbeitsplätzen gab es noch nicht.

Wer also, aus welchen Gründen auch immer, unten landete, für den gab es kein Entrinnen mehr. Niemand wollte einen solchen Menschen haben. Der Grund lag nahe. Jeder Ort war nämlich verpflichtet, für seine Armen selbst zu sorgen. Da die meisten Gemeinden aber selbst am Minimum ihrer Existenz angelangt waren, wollten sie solche Verpflichtungen für Fremde nicht eingehen. Die Mittellosen und Entwurzelten, die aus der Gesellschaft ausgestoßen waren, nannte man Vaganten.

Ein Teil von ihnen versuchte, als Korbflechter, Scherenschleifer, Wannenflicker, Schausteller und Tagelöhner ihren Lebensunterhalt zu bestreiten, indem sie von Ort zu Ort zogen und ihre Dienstleistungen anboten.

In enger Nachbarschaft zu den Vaganten standen die „unehrlichen Leute". Die Unehrlichkeit bezeichnete am Anfang noch keinen strafrechtlichen, sondern vielmehr einen sozialen Sachverhalt. Mit unehrlich wurde die geringe Stellung der Personen, wie z. B. Henker, Scharfrichter, Zöllner, Schäfer oder uneheliche Kinder, bezeichnet. Die Berührung eines Henkers oder nur des Galgens selbst konnte die „Unehrlichkeit" zur Folge haben. Diese Gruppe war meist arm, gering geachtet und lebte meist am Rande außerhalb der Dörfer. Das gab ihnen die Möglichkeit, engen Kontakt mit Gaunern zu pflegen. Sie stellten ihnen oft auch Unterschlupf zur Verfügung.

Ein besonderes Augenmerk der Sicherheitsorgane galt den Zigeunern, da auch sie ein unstetes Wanderleben führten. Seinerzeit wurden sie wie folgt charakterisiert:

„Die Zigeuner sind aber nichts als eine gottlose Rott von liederlichem Diebsgesindel, färben sich schwarz, liegen im Sommer meistens in Hecken und Wäldern, nähren sich vom Stehlen, Rauben, nächtlichem Einbrechen, Morden, Betteln, Wahrsagen, Seegen-Sprechen, Feuer-Beschwörungen und anderen gottlosen und verbotenen Künsten." (Quelle: Brakhage).

Ursprünglich stammten sie aus Indien und tauchten im 15. Jahrhundert in Mitteleuropa auf. Um 1500 erschienen sie in großer Zahl und wurden alsbald heftigen Verfolgungen ausgesetzt. Nach und nach vermischten sie sich zunehmend mit dem übrigen vagierenden Volk. Ein Teil von ihnen bewahrte jedoch seine Identität (Sinti und Roma).

In Verordnungen des 17. und frühen 18. Jahrhunderts konnten Zigeuner ohne Begründung getötet werden. Sie waren vogelfrei.

Eine ähnlich abgesonderte Stellung hatten die Juden.

Die Räuberbanden setzten sich vorwiegend aus Angehörigen der aufgeführten Gruppen – Vaganten, Bettler, Wanderhandwerker, „unehrliche Leute", verarmte Soldaten, Bauern und Juden – zusammen.

Die Namen vieler bekannter Räuber des 18. und frühen 19. Jahrhunderts lassen erkennen, daß sie früher Wanderhandwerker gewesen waren:

- Mannefriedrich: war Korbmacher gewesen (Mahne = großer Korb);
- Hölzerlips: ehemaliger Hersteller von Holzartikeln (Löffel, Holzschuhe), die er dann als „fliegender Händler" verkaufte;
- Schinderhannes: sein Vater war „Tierschinder" (Abdecker) gewesen, gehörte also zu den „unehrlichen Leuten".

Hierbei gab es jedoch gravierende Unterschiede in der Lebensweise. Die Mehrheit der Vaganten suchte den Weg des geringsten Widerstandes und bemühte sich, in der feindlichen Umwelt zu überleben ohne anzuecken.

Bagatellstraftaten gab es in sehr großer Zahl. Kam es gelegentlich zu einer Untersuchung, stiegen die Kosten rapide an. Die Behörden der kleineren selbständigen Staaten scheuten diese Kosten und schoben Verdächtige schnell über die Grenzen zum Nachbarn ab.

Räuber hatten alle Beziehungen zur bürgerlichen Gesellschaft abgebrochen, verachteten Arbeit und Pflicht, lebten von Einbrüchen und Plünderungen. Sie übten ihre Verbrechen als regelmäßigen Beruf aus. Dabei scheuten sie auch nicht vor einem Mord zurück. Allerdings war das die Ausnahme; der weitaus größte Teil der Räubertaten waren kleine Diebstähle und Einbrüche, ausgeführt, um überleben zu können.

Der Lebensraum der Vaganten und Räuber war nicht nur das offene Land, sie überfielen auch gerne alleinstehende Häuser und raubten, was sie fanden.

Landjäger hatten hier große Mühe, den Banden zu folgen. Schuld waren die schlechten Straßen und das unwegsame Gelände. Große und dichte Wälder und die vielen Grenzen der zerstückelten deutschen Länder erschwerten zusätzlich eine Verfolgung der Räuberbanden. Oft kam es vor, daß die Landbevölkerung den Gaunern sogar Unterschlupf gab oder sie warnte, wenn Husaren im Anmarsch waren. Dieses geschah aber nicht aus Freundschaft, sondern oft aus Angst vor Rache. Diese Angst nutzte das Gesindel aus, um notwendige Informationen zu bekommen.

Ein hessischer Erlaß gegen das Zigeunerunwesen

Im Jahre 1737 erschien in Büdingen folgender gräfliche Erlaß:

„Nachdem in hiesigen Gegenden eine starke bewaffnete Zigeuner-Band, worunter verschiedene in diesem Ober-Rheinisch-Crayß gebrandmarckte befindlich, sich zusammen rottiret, und wegen ihrer bei letzterer Streiffung zu hafften gebrachter Weiber und Kinder, entsetzliche Bedrohungen auszustoßen sich erfrechet, man aber selbige im geringsten nicht sich nicht anfichten lasset; Als wird ihnen hiermit bedeutet, ohngesäumt aus denen Hochgräflich-Isenburgischen Landen zu weichen, mit dem Anhang, daß auf den Fall, und wo sich auch nur gegen den geringsten Unterthan, geschweige an denen herrschaftlichen Höfen und Häuser, etwas ausüben würden, man alsdann wider solche verruchte Mordbrenner, in hiesig Oberrheinisch- und den nächst anliegenden Crayssen einen General-Aufbott erlassen, und was hierbei ergriffen und niedergeworfen wird, mit denen schmählichsten Leib- und Lebens-Straffen, Zwickung mit glühenden Zangen, lebendiger Verbrenn- und Radbrechung, hinrichten, und hierüber noch ihre Weiber durch den Scharfrichter, wie die tollen Hunde, zerhauen und auf den Waasen werffen lassen werde.

Signatum Büdingen, den 25. Februar 1737.

(LG). Aus Hochgräfl. Regierung allda."

Aus: „Heimat im Bild" 4/1937

Allerlei Bettler im 17. Jahrhundert

Die graphischen Zinken

Die Gauner selbst benutzten zur Kommunikation bestimmte Zeichen, die graphischen Zinken. Sie waren unter allen Vaganten verbreitet und bekannt. Mit ihnen konnten die Gauner lebenswichtige Informationen weitergeben, z. B. wo ein Polizist wohnte, welcher Weg gefährlich war oder wo man als Bettler ein Almosen oder Prügel bekam.

Gefängnis droht

Hier gibt es kein Geld, aber Eßwaren

Achtung Gefahr

Besitzer ist brutal

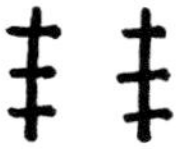
Wohnung eines Polizisten

Fromm tun lohnt sich

Man bekommt nichts

Leute lassen sich einschüchtern

Hier gibt es Essen

Man kann zudringlich werden

Krank spielen lohnt sich

Im Haus sind drei Kinder, zwei Frauen, ein Mann

Hier gibt es Nachtlager

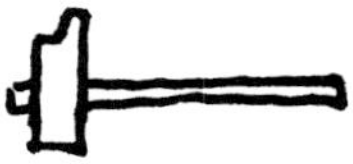
Für Arbeiten gibt es etwas

Hier gibt es Geld

Achtung, bissiger Hund

Das Rotwelsch oder Jenische

Die Räuber und Gauner hatten nicht nur ihre Zeichensprache, sie hatten auch ihre Geheimsprache, das Rotwelsch, das sich aus dem Jiddischen, der Sprache der deutschen Juden, und aus der Zigeunersprache herausgebildet hatte.

Die Bandenführer gaben sich besondere Namen, nämlich „Bahnherren" (von Rotwelsch „Bahn" für Straße) oder „Balmasenmatten" (Jiddisch – Geschäftsführer).

Es gab eine regelrechte Hierarchie. Die „Bahnherren" hatten ihre „Jungens", die Rekruten des Verbrechertums. Aber sie brauchten auch Helfer und Helfershelfer, um ihr Handwerk möglichst sicher und schnell ausführen zu können.

Diese Vertrauten nannten sie „Kochemer". Sie beherbergten in Notfällen die Banden, gaben ihnen Schutz und Verpflegung. Waffen und Munition besorgten die „Baldower", soweit man sie nicht bei Streifzügen oder Überfällen selbst bekommen konnte, auch mußten diese lohnende Beuteziele „ausbaldowern".

Einige Wörter aus dem Rotwelsch, die ihren Ursprung in jener Zeit haben, werden auch heute noch in manchen Gegenden Oberhessens verwendet. Auch in der Sprache der „Kunden", der wandernden Handwerksburschen, gab es viele Wörter aus dem Rotwelsch.

Deshalb sei hier eine kleine Auswahl von Wörtern aus dem Rotwelsch aufgeführt:

Kleiner „Rotwelsch"-Sprachführer

Achill	– Essen
baldowern	– auskundschaften
Balo	– Schwein
bammel	– Angst
Bayes	– Haus, Wirtshaus
beschullmen	– bezahlen
blattfüßen	– tanzen
Blattfuß	– Tanz
Blete	– Geldstück (Dukaten)

Bohre	– Kuh
Boller-Bayes	– Zuchthaus
boschen	– gehen
Buttlak	– Hunger
Chassne	– Einbruch mit dem Rennbaum
Chawwer	– Diebsgenosse, Kamerad
Chawwerusch	– Bande, Gesellschft
Dalles	– Unglück
Ficker	– Polizist
Freier	– Mensch
ganfen	– stehlen
grandig	– groß
Griffling	– Finger
Gritschimme	– Wirtshaus
Jahr	– Wald
Jain, Jaim	– Wein
josten	– liegen, schlafen
Kaff	– Dorf (von hebr. k'far = Dorf, davon abgeleitet: Kaff)
Kaffer	– Mann
Kammerusch	– Kamerad
Kittge	– Zuchthaus (daher: Kittchen)
kochem	– gescheit, vertraut
Kochemer	– Gauner, Dieb
Kochemer-Schal	– Räuberlied
Kuder	– Kind
link	– falsch
linsen	– horchen
Massematten	– Diebstahl, (aber auch:) Handel
Moos	– Geld
Mokum	– Stadt
olmisch	– alt
Schal	– Lied
schallen	– singen
Schikse	– Mädchen
Schild	– Gefach in der Wand eines Fachwerkhauses
Schlamassel	– Unglück
schmußen	– reden
schofel	– schlecht
Schund	– Erde, Schmutz, Dreck
schuppen	– stehlen
stegem	– heimlich

Strahle	– Straße
Stuß	– Unsinn
Wesch	– Wald
Zikmer	– Verräter
Zinken	– Nase, geheimes Zeichen

Die Köddinger Maurersprache

H. Weber berichtet in den hessischen Blättern für Volkskunde Band 11, 1911, Seite 143 ff., über eine Vogelsberger Maurersprache, die vor allem in dem Dorf Köddingen gesprochen wurde.

Diese Geheimsprache beruht hauptsächlich auf dem Jiddisch und Rotwelschen.

Außer über die Maurersprache schreibt Weber von einer Lingelbacher Musikantensprache, die ebenfalls gleicher Herkunft sein dürfte. (Lingelbach ist eine Ortschaft im Altkreis Ziegenhain.)

Die Entstehung dieser Geheimsprache läßt sich durch den Umgang der Räuberbanden mit der Bevölkerung begründen. Als Zentrum der Maurersprache gibt H. Weber die Orte Storndorf und Köddingen an.

Hauptsächlich wurde diese Sprache von Maurern, Schindlern und Zimmerleuten benutzt.

Viele dieser Handwerker mußten in früheren Zeiten ihre Heimatorte verlassen und längere Zeit bei ihren Arbeitgebern bei Kost und Logis ihren Lebensunterhalt verdienen.

Aus diesem Anlaß war es verständlich, daß die Handwerker sich auch dann einmal verständigen wollten, wenn „die Stube nicht gekehrt“ war, d. h. wenn sich jemand am Ort befand, für den das Gesprochene nicht verständlich sein sollte.

Auch heute noch gibt es in Köddingen ältere Handwerker, die diese Sprache recht gut beherrschen.

Hier einige Wortbeispiele aus der Köddinger Maurersprache:

acheln	– essen
Aue	– Wasser
battisch	– schwanger
berappen	– bezahlen
Brand	– Durst
Dille-Moss	– Großmutter
ganfen	– stehlen
Glimmstengel	– Zigarette
Kahn, Kittche	– Gefängnis
Kaff	– Dorf
Kies	– Geld
Lawur	– Arbeit
schassken	– trinken
Zaster	– Geld
Zifferblatt	– Gesicht

Flugblatt auf den besoffenen Bettler

Lohn des gemeinen Sprüchworts/
Alles versoffen vor seinem End
Macht ein richtigs Testament.

Junges Blütgen spär dein Gut/
Weil das Armuth wehe thut/
Wenn verhurt / verbrast das Haab/
Ist dein Lohn der Bettel-Stab/
Denn wird dein Thun Lügen/ Trügen
Must vor iederman dich schmügen/
Und dich lassen offt zur Stund/
Heissen einen Bettel-Hund/
Drum so dencke immerfort/
Daß dich treffen kan das Wort:
Jtzt ist fort des Vatern Guth/
Biß auff einen Filtzhut.

An das Armuth.

Mancher wol gar kühne spricht/
Armuth doch auch lähmet nicht
Wenn er offt gleich hat verlohren
Arm und Bein auch beyde Ohren/
Muß daher ziehn wie die Schnecke/
Da er vor war kühn und kecke/
Nach der Hütte mit dem Hund
Weil ihm kein Haus wird vergunt/
Drum mißbrauche nicht der Zeit
Wenn du hast Gut/Geld und Freud.

Gedruckt im Jahr/
Da kein Geld bey Bettlern war.

Flugblatt auf den versoffenen Bettler. 18. Jahrhundert. Hamburg, Stadtbibliothek.

Antoine la Grave nach einem zeitgenössischen Stich

Die Untaten der Räuberbanden des Antoine la Grave und des Johannes la Fortun (1718 – 1726)

Antoine la Grave, vulgo der Große Galantho*

Im Jahre 1718 beunruhigte eine Zigeunerbande von über 50 Mann den Vogelsberg und die Wetterau. Ihr Hauptmann war der Sohn eines französischen Zigeuners, Antoine la Grave. Er war Musketier im Hessen-Kasselschen Bataillon gewesen und schloß sich einigen im Vogelsberg herumstreifenden Zigeunern an. Hier stieg er als erfahrener Soldat schnell zum Anführer auf. 1725 gelang es ihm sogar, sich von Kurmainz als Landleutnant anstellen zu lassen. Einige Zeit später erst kam man dahinter, daß er seiner Aufgabe, Diebe und Räuber zu bekämpfen, nicht nachkam, sondern ihnen sogar heimlich Schutz gab.

Innerhalb der Bande herrschte straffe Disziplin. Die umfangreiche Familie des Galantho, ob Mann oder Frau, bot zugleich Sicherheit für den festen Zusammenhalt des Gesindels.

Selbst bei Verfolgungen leisteten sie energischen Widerstand. Bei zwei Feuergefechten am 2. 9. 1722 und am 8. 9. 1725 im Bobenhäuser Wald im Vogelsberg konnte sich die Bande einer zwanzig Mann starken Militärstreife entziehen.

Am 16.10.1725 befand sich der in Lißberg stationierte Landleutnant Emeraner mit zwei Untergebenen, Hempel und Kröcker, auf Streife. Auf der Glashütte bei Hirzenhain trafen sie einige Zigeuner an, die mit ihren Weibern dort Branntwein tranken. Da Emeraner seine Anweisungen gegen diese Leute kannte, ließ er etliche der Zigeuner fesseln. Einige flohen aber in einen nah gelegenen Wald. Dort hielt sich der Rest der Bande auf. Als sie die Nachricht von der Verhaftung ihrer Genossen erfuhren, brachen sie sofort in Richtung Hirzenhain auf, um ihre Kameraden zu befreien.

** vulgo = lateinisch für „umgangssprachlich"; diese Formel wurde in den Gerichtsakten des 18. und 19. Jahrhunderts stets zur Kennzeichnung der Spitznamen der jeweiligen Straftäter benutzt.*

Als dieses Emeraner bemerkte, floh er mit seinem Pferd nach der Glashütte, wo er sich Sicherheit erhoffte. Seine beiden Untergebenen, die nicht beritten waren, überließ er ihrem Schicksal. Der eine von ihnen, Kröcker, konnte fliehen, Hempel fiel jedoch den Zigeunern in die Hände. Sie schlugen und stachen ihn, daß er zeitlebens ein armer Krüppel blieb.

Auffällig bei diesem Angriff war die aktive Teilnahme der Frauen. Die Zigeunerin Maria Elisabeth, die „Cron“, hat den Knecht „mit einem Beil vielmals auf den Kopf gehacket und ihm sogar das membrum virile ausschneiden wollen“.

Als nächstes wurde der geflohene Emeraner verfolgt. Sie vermuteten ihn in einem Wirtshaus.

Den Wirt bedrohten sie mit dem Tode, wenn er Emeraner nicht herausgäbe. Der erklärte jedoch, nichts von einem Polizisten gesehen oder gehört zu haben. Daraufhin drangen sie mit Gewalt ins Haus ein, schlugen mit Äxten und Gewehrkolben alle Türen entzwei und fanden den Landleutnant endlich auf dem obersten Boden. Hier erschossen und beraubten sie ihn vollständig und warfen ihn anschließend die Treppen hinab.

Danach zogen die Zigeuner mit Jubelgeschrei ab, voran der Große Galantho auf dem Pferd des Ermordeten.

Dieser Bande sollen unter anderem angehört haben:

Franz Lampert; Anton Alexander, genannt der kleine Galant; Johannes la Fortun, genannt Hemperla; (von ihm wird im nächsten Kapitel noch die Rede sein); Lorenz Lampert; Johannes Lorries, genannt Gabriel; Heinrich Störtzinger; Hans Heinrich Foura; Johann Peter Sebastian, genannt der Junker; Christian la Fortun; Friedrich Saint Amour; Johann la Fortun; Student Velten; Johann la Foure; Johann Reinhold; Hans Heinrich Stoffel, genannt Balanton; Gottfried la Fortun; Maria Elisabeth, Weib des Georg la Grave und Tochter des Galantho, genannt die „Cron“; Anna Maria, Weib des Christoph Himmola; Katharina, Weib des Studenten Velten; Magdalena, Witwe des Christian Störtzinger; Katharina, Weib des Johannes Lorries; Maria Rosina, die Mutter des Hemperla; Anna Maria, Weib des Hemperla und Anna Christina, Weib des Anton Alexander.

Die Ermordung des Landleutnants Emeraner

Erst 1725/26 gelang es einem 100 Mann starken Militärkommando, die Bande zu fassen. Der Galantho war jedoch entkommen, verdingte sich in kurmainzischen Diensten als Landleutnant und wurde erst acht Jahre später (1733) in Gelnhausen gefangen genommen und an Hessen-Darmstadt ausgeliefert.

Am 2. Juni 1733 wurde er in Darmstadt von oben geradbrecht, nach dem ersten Herzstoß aber „auf gnädigsten Befehl seiner Durchlaucht" stranguliert, danach geköpft, der Körper aufs Rad geflochten und der Kopf auf einen Pfahl gespießt.

Räuberhauptmann Johannes la Fortun, genannt „Hemperla“

„Hemperla“ gehörte eigentlich zur Bande des „Großen Galantho“. Als Unterführer zog er jedoch oft selbst mit einem Teil der Bande zu Raubzügen aus.

Er machte erstmals 1718 auf sich aufmerksam, als er mit 50 Mann das Dorf Geilshausen im Londorfer Grund zwischen Gießen und Grünberg am hellen Tag überfiel. Hierbei wurde ein Bauer erschossen und ein Musketier der Landmiliz verwundet.

In der späteren Zeit soll sich seine Bande auf 150 Mann verstärkt haben.

In den folgenden Jahren beging Hemperla mit seiner Bande im Taunus verschiedene Einbrüche. Sie stahlen in Neesbach und Hahnstätten ein fettes Schwein, Käse und Butter, danach bei Limburg Leinen und Geld.

Noch schlimmer ging es 1722 vor den Toren Weilburgs zu. Am 28. April 1722 wollte ein Unteroffizier und ein Gefreiter vom nassauischen Regiment bei einem bekannten Kapitän in dessen Gartenhaus übernachten. Kaum hatten sie den Garten betreten, als Hemperla, der sehr wahrscheinlich hier gestohlen hatte, aus einem Fenster sprang, den Unteroffizier erschoß und den Gefreiten schwer verwundete.

1725, also drei Jahre später, erfolgte eine neue, gräßliche Schreckenstat:

Der Mord im Dörsdorfer Pfarrhaus

Im Kirchbuch von Dörsdorf (im Taunus) wird folgender Raub berichtet:

„1725 den 29. Juni um Mitternacht wurde das hiesige Pfarrhaus durch eine Mörderbande mit Gewalt erbrochen, die Türe gesprengt, der zeitliche Pfarrer Herr Conrad Heinsius durch einen Schuß in den Hals, dessen Eheliebste durch einen Schuß und Schnitt in die Gurgel umgebracht, darauf den 2. Juli bei sehr volkreicher Versammlung in der Kirche begraben.“

Der Raubüberfall auf das Haus des Pfarrers Heinsius in Dörsdorf bei Idstein

FAMOSE Mordthat welche der jüstificirte Hemperla ünd seine mord Cameraden an dem pfarrer Heinsiüs ünd desen Frau zü Dörßdorff im Gräffe Ittsteinischen aüßgeübet haben

Dieser Bericht aus der „guten alten Zeit“ zeigt, daß die Räuberbanden zum Teil ohne Skrupel vorgingen, um sich zu bereichern. Es soll seiner Zeit bekannt gewesen sein, daß Pfarrer Heinsius ein reicher Mann war und sich öfters größere Mengen Geld im Haus befanden. Dieses zu rauben war der Anlaß des Überfalls; den Tip bekam die Bande von einem gewissen Heymann, der im Pfarrhaus ein- und ausging.

Der Führer der Bande war Johannes la Fortun, der „Hemperla“; auch die anderen gehörten zur Galantho-Bande.

In der Nacht zum 29. Juni hielten sich die Räuber in einem nahegelegenen Kornfeld auf und warteten hier, bis es dunkel wurde, dann sollte der Überfall stattfinden.

Vorher wurde eine Lagebesprechung abgehalten, in der festgelegt wurde, das Haus zu umstellen. Sollte der Überfall, aus welchen Gründen auch immer, bekannt werden und Miliz oder Bauern eingreifen, so sollten diese beim Herannahen erschossen werden.

In der Nacht zwischen elf und zwölf Uhr griff die Bande an. Hemperla probierte zunächst, unterm Gossenstein mit einem Meißel ein Loch zu stemmen, durch das er ins Innere des Hauses gelangen wollte, dieser Plan wurde jedoch von der Tochter der Pfarrersfamilie vereitelt. Sie kam, als Hemperla durch das Loch kriechen wollte, in die Küche, um nach dem Feuer zu sehen, und bemerkte ihn.

Daraufhin eilte sie zu ihren Eltern und meldete ihre Beobachtung. Der Pfarrer ließ sie sofort mit einem Kästchen Geld aus einem Fenster, das an eine daranstoßende Mauer führte. Obwohl das Haus umstellt war, konnte die Tochter entkommen und im Dorf die Bauern informieren.

Als Hemperla merkte, daß sein Plan, das Haus in der Stille zu öffnen, fehlgeschlagen war, ging er mit seinen Komplizen gewaltsam vor.

Die Haustür wurde nun mit einem großen, vor dem Pfarrhaus gelegenen Holz aufgesprengt. Sofort drang das ganze Gesindel ins Haus ein. Hier kam ihnen der Pfarrer entgegen und bat um sein Leben. Im selben Augenblick kam auch seine Frau hinzu und erkannte den schlecht verkleideten und geschwärzten Heymann. In ihrer Angst und Unvorsichtigkeit sagte sie: „Ei, Gevattersmann, ihr werdet uns doch das nicht antun!“

Jetzt waren sich die Räuber im klaren, daß eventuelle Zeugen des Überfalls sie an den Galgen bringen würden. Die nächsten Minuten sollen sich wie folgt ereignet haben:

„Hemperla stieß dem Pfarrer mit einer brennnenden Strohfackel auf die Brust, die Frau, die aus der Stube entweichen wollte, wurde von den Unmenschen festgehalten und an der Flucht gehindert. Der Espergeorg schoß ihr nun mit einer mit zwei Patronen geladenen Pistole dergestalt an den Kopf, daß ein Teil des Mundes an der Stubentür gelegen und die Zunge unten an der Gurgel heraushing. Wenige Augenblicke danach streckte Hemperla den Pfarrer mit einem sofort tödlichen Schuß nieder."

Nun, nach wenigen Minuten der Grausamkeit, durchwühlten die Räuber alles, brachen Kisten auf und nahmen die erbeuteten Sachen wie silberne Becher und Löffel, Kleidung und Bargeld mit.

Die Verfolger, die aus dem Dorf herankamen, konnten das Raubgesindel nicht mehr einholen.

Ein Verwandter der ermordeten Pfarrersfrau schrieb über dieses schreckliche Verbrechen ein Gedicht.

Verfluchte Frevelthat!
Ach sollen dann des Teufels Rotten
Der stillen Unschuld schändlich spotten
In ihrem Diebs- und Teuffels-Sinn?
Ach sollen sie so frey sich paaren,
Als ihres Principalen Schaaren,
Und geh'n zum Raub und Morden hin?
Verfluchte Frevelthat,
die dieses Volck begangen hat!

Verfluchte Frevelthat!
O große Macht der Finsternüssen,
Die Dörßdorff hat erfahren müssen
Durch eine Diebs- und Mörder-Band,
Die in dem Pfarr-Hauß eingebrochen!
(Gott wirds nicht lassen ungerochen,
Was hier verübt die Greuel-Hand!)
Verfluchte Frevelthat!
Die morden, da man Gnade bat!

Verfluchte Frevelthat!
Herr Pfarrer wird in Kopff geschossen.
Von wem? von Satans Bundsgenossen.
Das Bley durchbohrte Ihm das Haubt,
Da er noch still am Tisch gesessen!
Wem ist die Schuld hier beyzumessen?
Dem Teufel, der da raß't und schnaubt.
Verfluchte Frevelthat!
Die Unschuld leyd't! O Schand! O Schad!

Verfluchte Frevelthat!
Frau Pfarrerin muß schändlich sterben,
Durch Schuß und Stich im Halß verderben,
Daß Sie in ihrem Blut da lag.

Ach Bitten, Flehen war verlohren
Bey den verstockten Otter-Ohren!
Es war umsonst all' Ach und Klag!
Verfluchte Frevelthat!
O überreiffe Sünden-Saat!

Verfluchte Frevelthat!
Die Hülffe ist hier ausgeblieben;
Der Teuffel hat es keck getrieben,
Geraß't, geraubet und gemord't.
Es waren Satans Höllen-Kinder,
Verrucht-verfluchte freche Sünder!
Und daß ichs sag' mit einem Wort:
Vermaledeyte That!
Bey Menschen war hier keine Gnad!

So schlimm auch war die That?
Ist doch hier niemand so gestorben,
Daß auch die Seel wär mit verdorben!
Der Leib allein erfuhr die Wuth;
Die glaub'ge Seel ist gleich entronnen,
Und hat im letzten Kampff gewonnen
Durch ihres Jesu Gottes-Blut!
O ungemeine That!
Ach daß hier nicht war Hülff noch Rath!

O Greuel-volle That!
In Petri Pauli Fest-Tags Nachte,

Da man noch in dem Hauße wachte,
Geschah die That bey spater Nacht.

Die Jungfer Tochter blieb im Leben,
Die sich durchs Fenster hat begeben,
Und hat das Dorffe reg gemacht.
Das war die Liebes-That
Bey der Gefahr im grössten Grad!

In Dörßdorffs Hertzen-Leyd
War desto grössres Seelen-Dürsten
Nach uns'rem wahren Lebens-Fürsten,
Der sich der Seelen wohl annahm.
Blieb Menschen-Hülff (ach leyder!) aussen,
(Gefährlichkeit bringt Furcht und Graussen)
War's Jesus, der doch Hülffreich kam,
Und halff zur Seeligkeit!
Den Mördern ist die Höll bereit't!

O kühne Teuffels-That,
Die am Gesalbten ist verübet!
Welch frommes Hertz wird nicht betrübet
Durch solche Raub- und Mord-Geschicht?
Doch ist nichts ohne Gott geschehen!
Der Rechner muß hier schamroth stehen,
Dieweil es ihm an Witz gebricht,
Da diese Unglückthat
Die allerschwerste Brüche hat!

Justitz, erhebe dich!
Und schütze mit dem Schwerd die Deine!
Ach mach' das arme Lande reine
Von Satans Raub- und Mord-Gesind!
Ach Gott bekehr die freche Sünder,
Die man so thumm als Küh und Rinder
In ihrem Lauff der Sünden sind't!
Justitz erhebe dich;
Erbarmer, hilff uns gnädiglich!

Aus: Heimatblätter für den Kreis Alsfeld Nr. 1, S. 6, Februar 1933

Der „Student“ Velten

Außer Hemperla wurde noch ein weiteres Mitglied der Bande des Galantho bekannter als die anderen, der sogenannte „Student“ Velten.

Folgendes wird über ihn berichtet: „Student Velten, 25 bis 26 Jahr alt, ist von Gabriels Diebsbande, und gleich denen vorigen bey des Land-Lieutenant Emeraner Mordthat ein Gehülffe gewesen, hat auch den zu Hossenfeld begangenen qualificirten Diebstahl mit verrichten helffen, und soll ebenfalls mit dem Strang hingerichtet werden.“

Über „Catharina, Student Veltens Eheweib“, wird berichtet, daß sie „mit dem Schwerdt vom Leben zum Tod gebracht werden solle“.

Bisher hatte man den Studenten Velten für einen richtigen Studenten gehalten. Er sollte aus Hüttenberg oder dessen näherer Umgebung stammen.

Er war jedoch ein Zigeuner, der sich „Student“ Velten nannte. Der Pfarrer von Selters und Bleichenbach, Johann Georg Blum, teilt dieses in dem Bleichenbacher lutherischen Kirchenbuch 1729 mit.

Blum schreibt: „Den Iten Novembr. a.c. besuchte mich, I. G. Blumen, mein Vetter Christophel Buff, der Pfarrer zu Steinbach bei Gießen, und erzehlte unter andern, daß bey der großen Execution, welche 1726 den 14. und 15. Novembr. zu Gießen über die famose Zigeuner-, Diebs-, Mord-und Räuber-Bande ergangen, alwo 16 Zigeuner-Männer und 8 Zigeuner-Weiber hingerichtet, zusammen 24, als 5 Männer geradtbrecht, 8 gehenkt und 3 nebst 8 Weibern geköpft worden, da hätte er einen Ziegeuner von ungefehr 24 biß 25 Jahren zum Galgen bekleidet, mit Namen Student Velten, der hätte gesagt, zu Bleichenbach wär er gebohren, und auch alda in der luth. Kirchen getaufft worden. Darauf schlug dieses mein Bleichenbacher Kirchenbuch auf und fand supra pag. 7 und 8, daß Anno 1702 den 15. Juli ein Ziegeunersknäblein zu Bleichenbach gebohren und den 17. ejusdem alda in der ev. luth. Kirchen von mir Johann Georg Blumen getaufft worden, da es dan von seinen Taufpaten den Namen Johann Henrich und nicht Student Velten bekommen. Die Ziegeuner pflegen sich darnach, wan sie erwachsen, unter einander andere Namen zu geben, wie dan gedachter mein Herr Vetter Buff, der Pfarrer zu Steinbach sagte, daß er den Ziegeuner gefragt, warum er dan Student Velten hiese, er geantwortet, das wüste er nicht, warum ihn die Ziegeuner so genant, sein Vatter wäre mit einer andern Ziegeunersfrau darvon gezogen und hätte seine Mutter verlassen, da wäre er alle Zeit Student Velten geheißen worden, warum aber, das könte er nicht sagen, das wüste er aber gewiß, daß er zu Bleichenbach gebohren und in der lutherischen Kirche getauft worden."

Das Ende der Galantho-Bande (1725/26)

Ein Teil der Bande des Galantho verübte mit ihrem Unteranführer Hemperla um 1720 einen schweren Einbruch in Blofeld in der Nähe von Reichelsheim (Wetterau).

Der überfallene Oberst von Geißmar gab folgendes zu Protokoll:

„Die Diebe stiegen über den Kirchhof durch die Hintertüre, die das Gesindel hatte offen stehen lassen, in seinen Hof ein. Ohne Zweifel war von ihnen oder ihren Helfershelfern alles genügend vorher ausgekundschaftet worden. Sie hatten es nämlich sofort auf die Gewehrkammer im Nebenbau abgesehen.

Sie wollten zunächst ein Loch in die Wand brechen, stießen dabei aber auf einen Balken und sprengten deshalb mit einer „Radschiene" die Tür mit solcher Gewalt auf, daß der Kloben den anderen Morgen an dem Fenster gefunden wurde.

Hier stahlen sie 30 Pistolen, 1 Gewehr, 1 silbernes Pulverhorn, 3 neue Livreen und einen Hirschfänger."

Nach dem Überfall zog die Bande aus der Wetterau ins Nassauische, wo sie ihre Beute teilte. Weitere Diebstähle begingen die gleichen Räuber in anderen Dörfern der Wetterau, nämlich in Griedel, Dauernheim, Ostheim und in der Butzbacher Gegend.

Auch vorm Morden schreckten sie nicht zurück, so erschossen sie z. B. in Dauernheim einen Schweinehirt.

Drohte dem Gesindel Gefahr, so zog es sich in die naheliegenden Wälder zurück, was ihm im Winter 1725/26, ein halbes Jahr nach dem Mord im Dörsdorfer Pfarrhaus, zum Verhängnis werden sollte.

Im Januar 1726 gab es sehr starke Schneefälle, die die Banden aus ihren Schlupfwinkeln in den Wäldern trieb. Als das ein Landleutnant erfuhr, informierte er sofort den Obersten von Schenk in Gießen, den damaligen Militärgouverneur des darmstädtischen Oberhessen.

Am 31. Januar 1726 marschierten 100 Mann, geführt von einem Adligen, in Richtung Wetterau.

Hemperla wurde am 31. Januar 1726 zwischen Nieder-Wöllstadt und Fauerbach in der Grafschaft Solms-Assenheim gesichtet. Er versuchte zu fliehen und sich in einem Backofen zu verstecken, wurde aber an den Füßen herausgezogen.

Weitere 12 Mitglieder der Bande, darunter eine Frau, wurden festgenommen. Diese Frau war die berüchtigte Maria Elisabeth la Grave, genannt die „Cron“, Tochter des „Galantho“, der die ganze Bande gegründet hatte.

Alle 13 Gefangenen wurden nach Gießen transportiert. Bei späteren Streifzügen wurden weitere 11 Bandenmitglieder dingfest gemacht und in Gießen eingeliefert, wo die ganze Gesellschaft über ein 3/4 Jahr unter strengster Bewachung saß.

Das Urteil gegen die 24 Räuber war sehr drastisch und lautete „daß Nr 1 – 5 durch Zerstoßung ihrer Glieder von oben herab geradbrecht und deren Körper aufs Rad geflochten“ werden sollten. Nr 6 – 13 wurden an die Galgen gehenkt und der Rest (3 Männer und 8 Frauen) enthauptet; die gesamte Bande wurde „mithin respective durch Rad, Strang und Schwert vom Leben zum Tode gebracht.“

Folgende Urteile wurden am 14. und 15. November 1726 verlesen:

Johannes la Fortun, genannt Hemperla, und Franz Lambert „durch Zerstoßung ihrer Glieder von oben herab zu radbrechen und deren Körper aufs Rad zu flechten.“

Hemperlas Mutter Maria Rosine und sein Weib Anna Maria wurden zur Enthauptung verurteilt.

Aufs Rad geflochten wurden ferner:

Anton Alexander, genannt der kleine Galant,
Lorenz Lambert und
Johannes Lorries, genannt Gabriel.

Gehenkt wurden:

Heinrich Störtzinger,
Hans Heinrich Foura,
Johann Peter Sebastian,
Christian la Fortun,
Friedrich Saint Amour,
Johann la Fortun (nicht identisch mit dem Hemperla!),
Student Velten und
Johann la Foure.

Einige Mitglieder der Galantho-Bande

Geköpft wurden:

Johann Reinhold,
Hans Heinrich Stoffel,
Gottfried la Fortun,
Maria Elisabeth, die „Cron“,
Anna Maria, Weib des Christoph Himmola,
Katharina, Weib des Studenten Velten,
Magdalena, Weib des Christian Störtzinger,
Katharina, Weib des Johannes Gabriel und
Anna Christina, Weib des Anton Alexander.

Etliche tausend Bürger sollen am 14. und 15. November 1726 in Gießen bei diesen Hinrichtungen zugesehen haben.

Die Hinrichtung der Bande des „Großen Galantho" am 14./15. November 1726 in Gießen

Hintergründe des Räuberunwesens im 18. und 19. Jahrhundert, Verfolgung, Bestrafung und der langsame Zerfall

In die Armut geraten

Am Ende des 18. Jahrhunderts entstanden neue Räuber- und Gaunerbanden. Ihre Mitglieder waren meist ehemalige Korbflechter, umherziehende Hausierer (mit Geschirr, Knöpfen und Holzwaren), Schausteller, Musikanten oder Kesselflicker; ihre Lebensweise gab ihnen Gelegenheit zum Auskundschaften der Raubzüge.

Der damalige Gießener Kriminalrichter v. Grolmann schätzte um 1800 die Zahl der in der Wetterau und im Vogelsberg vom Raub lebenden Personen auf 300 bis 350. Als „Kochemer" kamen die Bewohner alleinliegender Mühlen, Wirte und Juden in Betracht.

Was wurde gestohlen? Auch zu jener Zeit herrschte große Armut unter der Bevölkerung. Schätze und üppige Geldkassetten waren darum in der Regel nicht vorhanden.

Besonders beliebt bei den Räubern waren Einbrüche in Kirchen. Hier hatten sie es auf die Glocken abgesehen. Diese raubten sie, zerschlugen sie später mit Pflugscharen über Feuerstellen und „verscherbelten" das Metall zum größten Teil an Juden.

Allein im Jahre 1809 beraubten sie die Kirchen Maria Ehrenberg bei Motten, die Klößberger Kapelle, die Kirchen zu Stangenrod und Hosenfeld, die Schlingenkapelle bei Jossa, die Marcuskapelle zu Rodenkirchen, die Pfarrkirche zu Ulmbach sowie die St.-Georgs-Kapelle zu Friedberg.

Eine weitere Vorliebe waren kupferne Waschkessel, Brennkessel und Brenngeschirre für Branntwein, aber auch Eßwaren und Kleidungsstücke ließ man nicht liegen. Diese wurden zum Eigenbedarf verwendet.

Vielfach begnügten sich die Gauner mit einfachen Diebstählen. Sie stahlen Wäschestücke von der Leine, Hühner und Schafe vom Hofgelände, oft nur die Eier aus den Hühnerställen.

Aber sie schreckten auch nicht vor Straßenraub zurück, überfielen, beraubten und mißhandelten Händler.

Zunächst waren es die unglaubliche Zersplitterung Deutschlands in viele kleine Territorien und die Wirren der französischen Revolutionskriege, die eine wirksame polizeiliche Verfolgung lange unmöglich machten, weil die Nachbarstaaten nicht Hand in Hand arbeiteten. Schon ein Überspringen eines Grenzbaches sicherte den Verbrecher vor dem Verfolger. So erklärt sich, daß gerade die Grenzstriche als Schlupfwinkel besonders beliebt waren.

Das Gaunertum wurde aber auch dadurch begünstigt, daß die Bauern geradezu Angst hatten, gegen die Räuber etwas zu unternehmen, weil sie die Rache seiner Spießgesellen fürchteten.

Erst als Hessen-Darmstadt durch Napoleon Großherzogtum geworden war (1806) und die Verfolgung in einer Hand lag, konnte durch die Anwendung größter Strenge dem Unwesen allmählich gesteuert werden.

Lied eines Leibeigenen
(Anonym – 1789)

O Jammer! welch ein Sklavenleben!
Viel Arbeit und kein Brot!
Schon hab' ich alles aufgegeben,
Fast das Vertrauen auf Gott!
Sechs Taler hat mir der Tyrann
Schon wieder abgezogen,
Hat, wie ich zehnmal schwören kann,
Mich als ein Schelm betrogen!

Arbeiten? Ja, daß man krepieret
In diesem Hungerloch!
Wer Teufel hat mich hergeführet
In dies verwünschte Joch!
Uns kostets unsern sauren Schweiß,
Womit sein Wanst sich pfleget,
Was solch hochadliges Geschmeiß
Durch seine Gurgel jäget!

Quelle: Friedrich Engels, Lieder deutscher Jakobiner

Die „peinliche Halsgerichtsordnung“

Das erste deutsche Strafgesetz, die „peinliche Gerichtsordnung“ Kaiser Karls V. von 1532, gab den Gerichten die Möglichkeit, Räuber zu verurteilen und über sie je nach Schwere des Verbrechens und nach eigenen Ordnungen und Gewohnheiten Recht zu sprechen. Nach dem Kaiser, unter dem das Strafgesetz geschaffen wurde, nannte man es auch kurz Carolina.

Als „Halsgerichtsordnung“ wurde sie bezeichnet, da sie in den meisten Fällen wohl immer den Hals kostete und „peinlich“, weil die Richter meist körperliche Strafen verhängten, die äußerst schmerzhaft waren (abgeleitet von Pein, Schmerz).

Schon bei Vernehmungen wurde „peinlich“ befragt, das hieß, es wurde gefoltert, um Geständnisse aus den Angeklagten herauszupressen. Zeugenaussagen oder noch so deutliche Indizien reichten nicht aus, um eine Strafe zu verhängen. Voraussetzung für die „Abstrafung“ war in jedem Fall das Geständnis des Angeklagten.

Seite 45 oben
Rad zum Vollzug der Todesstrafe durch Rädern (Das Original steht im Kriminalmuseum in Rothenburg)

Seite 45 unten
Abb. aus „Diebold-Schilling-Chronik“, 1513 ZB Luzern (Eigentum Korporation Luzern)

Rädern: Der Verurteilte wurde meistens auf eine Holzunterlage gelegt und festgebunden, danach wurden ihm mit dem Rad die Knochen im Leib zerschlagen. Es dauerte oft Stunden, bis der Tod eintrat. Der nackte Körper des Gerichteten wurde danach durch die Speichen eines Rades geflochten und mit Stricken festgebunden.

In manchen Fällen brachte ein Gnadenerlaß dem Delinquenten eine spürbare Strafmilderung, so vor allem, wenn einer gerädert werden sollte, dann aber doch enthauptet wurde und erst danach aufs Rad kam.

Die „peinliche“ Befragung wurde meist in drei Stufen aufgegliedert. In der ersten stellte der Scharfrichter zunächst nur seine Folterwerkzeuge vor. In vielen Fällen reichte das schon, um den Angeklagten zu einem Geständnis zu bewegen. War dies nicht der Fall, so folgte die zweite. Der Verdächtige wurde entkleidet, und es wurden ihm Daumen- oder Beinstöcke angelegt, ohne aber zunächst mit ihnen Schmerzen zu verursachen. Viele Befragte gaben in dieser Situation den Widerstand auf. Hatte aber auch das noch keinen Erfolg, so ging man zur eigentlichen „peinlichen Befragung“ über. Hierbei kannte die Phantasie der Scharfrichter keine Grenzen.

Lag dann das „Schuldbekenntnis“ vor, trat nach Vorgabe der Carolina das Blutgericht zusammen. Da Polizeigewalt, Anklage und Urteil meistens bei ein und derselben Person lagen, hatten die Angeklagten keine Möglichkeit einer Berufung.

Die Strafen der Carolina waren grausam. Es wurde im 16. bis zum 18. Jahrhundert verbrannt (Hexenverfolgung), gepfählt, enthauptet, gerädert, gehängt und ertränkt.

Mit Räubern und Verbrechern wurde nicht viel Federlesens gemacht, wer nicht freiwillig gestehen wollte, wurde durch Folterungen dazu gebracht, nach dem Motto – „lieber einen Unschuldigen, als keinen am Galgen“.

Erst in den Jahren 1809 – 1813 setzten herzogliche Edikte den grausamen Strafen ein Ende.

Der Wetzlarer Kongreß (1801)

Als die vielen Kleinstaaten mehr und mehr feststellten, daß dem Räuberunwesen auch mit noch so harten Strafen kein Einhalt geboten werden konnte, mußten sie schnellstmöglich neue Wege einschlagen. Es bestand ja bereits eine Miliz, eine lockere militärische Organisation von jungen unverheirateten Männern im Alter von 18 bis 20 Jahren, die in der Gegend zu Hause waren.

Auch die Offiziere und Unteroffiziere wurden aus der dort lebenden Bevölkerung ausgewählt. Sie waren in keiner Kaserne, sondern lebten zu Hause und wurden zu bestimmten Einsätzen angefordert.

Schon im September 1708 hatte der Landgraf von Hessen-Darmstadt, Ernst Ludwig (1688 – 1739), eine Verfügung – gegen die Zigeuner und „anderes loses Gesindlein" – mit folgenden Gesetzesparagraphen erlassen.

1. In unseren Landen sind Zigeuner, Männer sowohl als Weiber, überhaupt nicht zu dulden, selbst wenn sie gültige Pässe haben.

2. Die sich nachts einschleichen, sollen graden Fußes mit Gewalt fortgewiesen werden.

3. Die einige Uebeltat begangen haben oder sich der Ausweisung widersetzen, sind sofort zu verhaften und nach Darmstadt oder Gießen an das „peinliche Gericht" (Strafgericht) auszuliefern.

4. Die Untertanen haben das Eindringen der Zigeuner sofort bei Amt anzuzeigen und dürfen dabei Belohnung bei amtlicher Diskretion erwarten.

5. Wer allerdings die Zigeuner verhehlt oder gar begünstigt, wird schwer bestraft.

6. Den Beamten wird zur Durchführung dieser Bestimmungen die reguläre Landesmiliz (der Ausschuß) zur Verfügung gestellt nebst dem Recht, im Bedarfsfalle die Untertanen aufzubieten.

Dieses Edikt ist in allen Städten und Dörfern nach erfolgtem Glockenzeichen durch die örtlichen Organe deutlich vorzulesen und zu erklären. An Rats- und Wirtshäusern ist es anzuschlagen. Die benachbarten Territorien sind amtlich zu benachrichtigen, wenn Zigeuner aus hessischem Gebiet sich dorthin begeben.

In den Jahren 1734 und 1748 folgten weitere verschärfte Anordnungen gegen das „Dieb- und Raubgesindel".

In diesen Anordnungen wurde mitgeteilt, daß „des Kaisers Karl V. peinliche Halsgerichtsordnung" bei der Verfolgung und Bestrafung der Übeltäter zu Grunde gelegt werden sollte. Ab 1734 soll allen Räubern und anderem Gesindel, wenn sie über zwei Personen angetroffen wurden, zugerufen werden, daß sie ihre Waffen, sofern sie welche hatten, fortwerfen sollten. Sollte sich jemand weigern, so durfte er sofort erschossen werden. Die anderen waren in Haft zu bringen. Aber auch diese Erlasse brachten noch keinen gewünschten Erfolg.

Aus diesem Grund wurde im Jahre 1801 der Wetzlarer Kongreß wider die Diebe und Räuber von mehreren Regierungen ins Leben gerufen, um eine gemeinsame Verfolgungsstrategie aufzubauen:

Die Veranlassung zu dem Wetzlarer Kongreß behufs Beratung des Landfriedens gab die kurtrierische Regierung. Sie hatte den Erfolg, daß der Kongreß beschickt wurde von Nassau-Oranien durch den Regierungsrat von Erath, von Nassau-Usingen, durch den Amtmann Vigelius, von Nassau-Weilburg durch den Amtmann Wüstenfeld, von Anhalt-Schaumburg durch Kanzleidirektor Marchand, von Solms-Braunfels durch Hofrat Hüffel, von Wied-Neuwied durch Hofrat Gombel, von Wied-Runkel durch Leutnant Zengerle, von Solms-Lich durch Regierungsrat Ackermann, von Solms-Rödelheim durch Regierungsrat Buff, von Solms-Laubach und Justizrat Meister, von der Reichsstadt Wetzlar durch Korsulent Münch und von Kurtrier durch den Oberamtmann Freiherrn v. Schütz. Die gleichfalls eingeladene fürstliche Regierung zu Gießen erwiderte, daß S. Durchlaucht der Landgraf von Hessen-Darmstadt ein beträchtliches Truppenkorps unter dem Kommando des Obristen von Schäffer detaschiert und sämtliche Beamte angewiesen habe, unverzüglich Fühlung mit den Nachbarn zu nehmen, nicht nur nötigenfalls Streifzüge anzuordnen, sondern auch alle Maßregeln zu ergreifen, welche zur Erreichung des gemeinnützigen Zweckes erforderlich seien. Auch konnte bekannt gegeben werden, daß der französische Resident Bacher zu Frankfurt a. M. sich bereiterklärt habe, durch militärische Beihilfe die Bekämpfung des Raubgesindels nach Kräften zu unterstützen.

Nach dieser Feststellung der Personalien und eingegangenen Mitteilungen von Hessen und Frankfurt schritt der Kongreß zur Beratung eines Entwurfs von Maßnahmen, die in folgenden Sätzen festgelegt wurden.

1. Sollte sich in nächster Zeit das Raubgesindel in den zwischen Rhein, Lahn und Nidda gelegenen Reichsländern wieder häufen, so wollen die Landesobrigkeiten auf dessen alsbaldige Vertilgung bei Zeiten bedacht sein.

2. Diejenige Obrigkeit, die in ihrem Landesbezirk davon Spuren findet, bestimmt den Tag zu einem allgemeinen Streifzug und ladet alle diejenigen, welche die gegenwärtige Konvention abschließen oder derselben beitreten, dazu ein, und wird deren Einladung sofort durchgängig willfahrt. Der alsdann vorzunehmende Streifzug geschieht nach den Umständen mit Militär, Landmiliz oder sonstiger waffenfähigen Mannschaft gleichzeitig und möglichst allgemein. Vorzüglich wird damit eine genaue Visitation aller Dörfer, Mühlen, Höfe, entlegenen Häuser und sonstiger Schlupfwinkel verbunden, indem diese den Vagabunden während der rauhen Jahreszeit weit mehr zum Aufenthalt dienen als die Waldungen.

3. Außer diesen allgemeinen Streifzügen bleibt es den Landesobrigkeiten, sowie allen unteren Beamten unbenommen, nach Erfordernis der Umstände auf einzelnen Punkten sofort Streifzüge und Visitationen zu unternehmen. Sie dazu eingeladenen Beamten des benachbarten Landes wirken dabei mit, ohne deshalb vorher bei ihren Regierungen anzufragen.

4. Die Landesobrigkeiten wollen in die am meisten bedrohten Gegenden so viel Militär legen, als solches der übrige im Lande zu verrichtende Dienst erlaubt, und soll solches zu den allgemeinen und einzelnen Streifzügen und Visitationen nicht allein mitwirken, sondern auch für sich, nach der dem sie kommandierenden Offizier deshalb zuzustellenden Order, sowohl die Wege und Landstraßen bereiten als in den Dörfern Nachsuchung tun.

5. Alle allgemeinen und partikulären Streifzüge und Nachforschungen dürfen sich über die Landesgrenzen erstrecken mit dem Vorbehalt, daß das aufgefangene Gesindel jedesmal dem Foro deprehensionis übergeben wird, und auch selbst in dem Fall, daß der Streifzug erfolglos gewesen wäre, soll den Ortsbeamten davon Nachricht gegeben werden.

6. Bei zusammenrottiertem, mit Waffen und Prügeln versehenen Raubgesindel, tritt § 2 der Kur- und Oberrheinischen Kreisordnung in Kraft, in dem es heißt: Wofern Vagabunden sich zu 3 oder 4, oder in größerer Zahl betreten lassen und mit Waffen versehen sind, sollen solche zur Niederlegung der Waffen und zur Ergebung aufgefordert werden; falls sie sich weigern, soll man alsbald scharfes Feuer auf sie geben. Werden sie lebendig eingebracht, so soll man sie, falls sie schuldig sind, durch einen summarischen Prozeß verurteilen und mit dem Strang vom Leben zum Tode bringen.

7. Im Fall eine Räuberbande einen Einbruch verübt, sollen die Ortseinwohner sich gegenseitig zu Hilfe eilen. Es soll gleichzeitig mit allen Glocken gestürmt werden, ohne abzusetzen. Sollten die Räuber, wie öfters vorgekommen ist, den Zugang zu den Glocken besetzt halten, so sollen die Einwohner durch Schießen Lärm machen, und falls die Nachbarn nicht zu Hilfe eilen, sollen sie eine angemessene Geldstrafe erhalten.

8. Da Dorfschultheißen, Heimberger und Bürgermeister sich häufig vor dem Diebs- und Raubgesindel fürchten und ihm trotz Verbots Her-

berge im Orte gestatten, so soll jeder Beamte sich in seinem Bezirk eine oder mehrere vertraute Personen halten, die der Behörde von dem Erscheinen der Vagabunden sofort Kenntnis geben.

9. Die Landesobrigkeiten verbinden sich, das aufgefangene Gesindel nicht über die Grenze zu bringen und den Nachbarn zuzuweisen, sondern im Fall sich Personen nicht legitimieren können, sollen sie wegen ihre Vagabundenlebens lebenslänglich eingesperrt oder an fremdes Militär- und Seewerbungen abgegeben werden. Angeschuldigte und überführte Räuber, soll man nach der peinlichen Halsordnung sofort richten.

10. Sind irgendwo in einem Lande Zucht- und Arbeitshäuser, so sollen nach gegenseitiger Übereinkunft Vagabunden in ihnen untergebracht werden. Wünschenswert erschien es, der Versammlung, daß die Landesobrigkeiten von Hessen-Darmstadt, Oranien-Nassau, Nassau-Usingen und Nassau-Weilburg sich bereit erklären möchten, in Untersuchung kommende Räuberbanden in die Landesgefängnisse abzunehmen gegen entsprechende Entschädigung. Ein Beschluß hierüber konnte nicht herbeigeführt werden, da es den Deputierten an der erforderlichen Ermächtigung fehlte. Eine eingehende Erörterung erfuhr auf dem Kongreß das Paßwesen. Inbezug hieauf wurde bestimmt, daß fortan Pässe nur von dem Foro domicilii durften erteilt werden. Mit Signalement und Siegel versehen, mußten sie die Unterschrift des Ausstellers tragen; desgleichen eine bestimmte Marschroute enthalten. Durchpassierenden Fremden wurde vorgeschrieben, wann sie auf der nächsten Station einzutreffen hatten.

Die vorstehenden Beschlüsse waren vorerst gültig auf ein Jahr. Außer den beteiligten Deputierten, die sie ohne Ausnahme anerkannten, wurden noch Kurmainz, Hessen-Kassel, Hessen-Hanau, Hessen-Homburg, Nassau-Sayn, Sayn-Altenkirchen, -Wittgenstein, -Berleburg, Leiningen-Westerburg, die fürstlich isenburgischen Häuser, der Graf von Bassenheim, die Reichsstädte Frankfurt und Friedberg, die Mittelrheinische Ritterschaft und Freiherr von Riedesel, zum Beitritt eingeladen; auch dem Kaiserlichen und Reichskammergericht wurden die Beschlüsse mitgeteilt.

Quelle: Nassovia, 9. Jahrgang, 1908, S. 34 f.

Um 1830 wurde zur Aufrechterhaltung der Ordnung eine Sicherheitsgarde geschaffen, die aus angesehenen Bürgern bestand und nach Bedarf polizeiliche Maßnahmen unterstützte (Bürgergarde).

Die Kleinstaaterei wurde überwunden, der Gauner konnte nicht mehr mit wenigen Schritten über die Grenze.

1845 wurden hier und da Polizeidiener eingestellt, die für Ordnung innerhalb eines Ortes zu sorgen hatten.

Der Reichsritterschaft wurde die Kriminalgerichtsbarkeit entzogen, Behörden wurden gestrafft und neuartige Polizeiorganisationen aufgebaut.

Daß diesen Polizeiorganisationen jedoch keineswegs nur „Gauner" zum Opfer fielen, zeigt das Schicksal der oberhessischen Demokraten um Georg Büchner: Weidig starb gefoltert in einem hessischen Gefängnis, Büchner an Typhus im Züricher Exil.

Gerichtsurteile, ausgesprochen in Gießen

Die Gerichtsurteile der Hauptmitglieder der Vogelsberger und Wetterauer Räuberbanden lassen erkennen, daß man den Banden ein schnelles Ende setzen wollte. Alle Verurteilten des Jahres 1812 bekamen außer Jonas Hoos von zwanzigjähriger Zuchthausstrafe bis lebenslänglich, die Gefangenen im Jahr 1813, wie Jonas Hoos, die Todesstrafe.

Viele Enthauptungen wurden nach Aufzeichnungen von Gerichtsrat von Grolmann am 24. 3. 1813 vollzogen.

Folgende Urteile wurden in den Jahren 1812 und 1813 in Gießen ausgesprochen:

– für Friedrich Adam Thomas	1812	lebenslange Zuchthausstrafe
– für Johann Heinrich Ritter	1812	lebenslange Zuchthausstrafe
– für Johann Leonhard Lang	1812	lebenslange Zuchthausstrafe
– für Jakob Heinrich Vielmetter	1812	lebenslange Zuchthausstrafe
– für J. V. Ch. Oberländer	1812	24jährige Zuchthausstrafe
– für Michael Borgener	1812	20jährige Zuchthausstrafe
– für Johann Heinrich Vogt	1812	lebenslange Zuchthausstrafe
– für Jonas Hoos	1812	die Todesstrafe
– für Conrad Anschuh	1813	die Todesstrafe
– für Johann Adam Frank	1813	die Todesstrafe
– für Johann Balser Pfeiffer	1813	die Todesstrafe
– für Johannes Borgener	1813	die Todesstrafe
– für Ludwig Funk	1813	die Todesstrafe
– für den schwarzen Jung	1813	die Todesstrafe

Enthauptung 1770. Kupferstich von D. Chodowiecki

Die Vogelsberger Räuberbanden und ihre Verbrechen

Einige Räuber des Vogelsberges, die in Gießen abgeurteilt wurden, sollen auf den nächsten Seiten beschrieben werden. Die Zeit, in der sie ihre Taten verübten, währte etwa von 1789 bis 1813.

Kleine Streifzüge der Vogelsberger Räuberbanden

Jeder, der sein Handwerk verstehen will, muß eine Ausbildung nach dem Motto erhalten: „Es ist noch kein Meister vom Himmel gefallen".

Auch die Vogelsberger Räuber müssen diesen Satz gekannt haben. Um große Streifzüge und Raubtaten begehen zu können, mußten sie sich erst einmal „ausbilden" lassen. Der eine oder andere hatte einen „Gesellen" gefunden, der ihn ins Handwerk einführte. Der große Teil der Bandenmitglieder aber mußte seine Fähigkeiten durch eigenständiges Handeln erlernen.

So erklärte es sich, daß zu Ende des 18. und Anfang des 19. Jahrhunderts viele kleine und einfache Diebstähle begangen wurden.

Im Juni 1806 stahlen zwei Räuber einen kleinen Kessel in Kestrich, weitere fünf, darunter der „lange Friedrich" ebenfalls in Kestrich den Brau- und Waschkessel des Einwohners Joh. Heinr. Diez.

Im Juni 1807 besuchten drei Räuber Ober-Sorg, Ober-Breitenbach, Nieder-Ohmen, Bersfeld und stahlen Kupferkessel, Ziegen, Kleidung und allerlei Nahrungsmittel.

Die Ermordung des Vogelsberger Räubers „Hundsvelten"

Wie brutal und grausam Räuber auch untereinander sein konnten, schildert uns die Ermordung des Valtentin Bröschlers, genannt „Hundsvelten", auf dem Wannhof zwischen Ulrichstein und Helpershain.

Vier Räuber begingen im März 1807 einen Diebstahl zu Weisenborn. Es waren der Kannengießers Hannes, Kannengießers Hannbast, Hundsvelten und wahrscheinlich der Hildebrands Heinrich. Bei diesem Überfall versuchte Hundsvelten einen Teil der Geldbeute, 4 Taler von 40, heimlich zu entwenden. Der lange Hannes hatte es jedoch bemerkt. Ihm gab Hundsvelten 2 Taler mit der Bedingung, über diesen Vorfall zu schweigen.

Nach dem Überfall zog die Bande mit ihrer Beute auf den Wannhof, auch Vöckelsberger Hof genannt, zurück. (Vöckelsberger Hof = Dialektform für „Vogelsberger Hof"; der Berg, der Ulrichstein im Ohmtal und Helpershain im Feldatal voneinander trennt, heißt – wie die Landschaft – „Vogelsberg"). Hier teilten sie ihren Raub mit der Feststellung, daß Bargeld sehr kläglich ausgefallen war. Es entstand leiser Verdacht gegen Hundsvelten, daß dieser betrogen haben könnte.

Beim Abendessen, als die Köpfe nach etlichen Flaschen Branntwein erhitzt waren, gerieten Velten und der lange Hannes plötzlich in einen Wortwechsel. Hierbei warf er Hundsvelten öffentlich vor, daß er betrogen habe, und erzählte den Vorfall der gestohlenen Taler in dieser Runde. Danach packte er Velten an der Brust mit den Worten: „Betrügst du meinen Bruder, so betrügst du auch mich!" warf ihn auf den Boden und schlug ihm mit seiner Pistole mit allen Kräften auf den Kopf. Danach griff er ihm in die Uhrtasche, nahm die 2 Taler und steckte sie ein.

Durch diesen Vorfall stieg besonders die Erbitterung seines Bruders Hannbast auf das höchste. Er zog seinen zum Einbruch bestimmten Schnitzer aus der Tasche und stach 5- bis 6mal dem noch liegenden Velten in die Beine und Waden.

Der schrie fürchterlich und wälzte sich dabei in seinem Blut. Jetzt schaltete sich der Hofbesitzer ein und bat dringlich die Bande, mit ihrem Opfer seine Stube zu verlassen. Sie folgten seiner Bitte, schleppten den Verwundeten auf den Hof und fielen erneut über ihn her. Hierbei wurde er so zugerichtet, daß seine Beine total zerfleischt waren. Danach zogen sie ihn aus und entfernten sich mit ihrer Beute.

Hundsvelten starb unter den fürchterlichsten Schmerzen nach dieser schrecklichen Mißhandlung.

Der Wannhof, hier stand einst das Haus, in dem Hundsvelten seinen Diebstahl büßen mußte *Foto: H. Bauer*

Der Passierschein des Schinderhannes

Ein Ausweis, den der berühmte „Schinderhannes“ (Räuberhauptmann Johs. Bückler) zum Schutz für „Arme und Reisende“ ausstellte.

Schinderhannes war im Taunus gebürtig und machte später die Gegenden des Mittelrheins unsicher. Er wurde 1803 in Mainz von den französischen Besatzungstruppen hingerichtet.

Der lange Friedrich

Friedrich Adam Thomas, vulgo „der lange Friedrich“

Er galt nach Grolmann als der vollendeste Spitzbube der Vogelsberger, da er alle anderen an Verstand, Körperkraft, Gewandtheit, Selbstbeherrschung, Scharfblick, Vorsicht und Unerschrockenheit weit übertraf. Er war das uneheliche Kind der Anna Elisabeth Suchertin, die damals als Magd in Volkartshain diente. Sein Vater, dem er nichts als das Leben verdankte, war ein Schäfer mit Namen Johann Adam Thomas und diente in Ober-Seemen. Als seine Mutter von der Gicht geplagt wurde, zog sie bettelnd in der Umgebung umher und sammelte Almosen. Etwa 1807 starb sie in Lanzenhain.

Von seinem 9. Lebensjahr ab diente der lange Friedrich bei den Bauern in Ilbeshausn, Frischborn, Dirlammen, Eichelhain und Hopfmannsfeld. Nach der Konfirmation verließ er seine Mutter und wurde Gauner. Sein Hauptaufenthalt war der Vogelsberg, besonders das Junkerland (das Gebiet der Freiherrn von Riedesel zu Eisenbach bei Lauterbach).

Stets gab er den Schein, sich ehrlich zu nähren. Meistens hatte er steinernes oder irdenes Geschirr anzubieten.

Im ganzen konnten ihm 33 Diebstähle nachgewiesen werden. Andere und ein Straßenraub zwischen Lauterbach und Maar wurden ihm nachgesagt, konnten aber nicht bewiesen werden. Er besaß eine ungeheuere Verstellungskunst. Fast nie war er ohne Ware. Streng sah er darauf, daß in der Gegend, in der er sich zeigte, kein Diebstahl begangen worden war.

Das Gießener Gericht hatte auf Grund seiner Gefährlichkeit die Todesstrafe beantragt. 1812 wurde er zu lebenslänglicher Zuchthausstrafe verurteilt.

Der „lange Friedrich", Joh. Adam Frank und „Druckers Peter" auf einem ihrer Streifzüge

Sie hatten sich im Gericht Engelrod getroffen und beschlossen bei einem gestohlenen Krug Wein, von hier aus nach Rodenkirchen zu ziehen, um dort einen Esel zu stehlen, den man vor einiger Zeit dort gesehen hatte.

Also zogen sie nach Rodenkirchen und kehrten mittags nach ihrer Ankunft in einer Branntwein-Schenke ein.

Gegen 4 Uhr nachmittags verließen sie die Schenke und legten sich in ein Wäldchen nahe einer Mühle zum Schlaf, die sie berauben wollten.

In der darauffolgenden Nacht gingen sie zu diesem Gebäude und brachen die vermeintliche Stalltür mit einem Stück Eisen auf. Statt in den Stall waren sie jedoch in einen reich gefüllten Keller mit Wein, Butter, Milch und anderen Eßwaren gekommen. Sie nahmen so viel mit, wie sie tragen konnten.

Nach gelungenem Diebstahl machte der lange Friedrich den Vorschlag, die Glocke aus der Totenkapelle zu stehlen. Gesagt – getan.

Da es jedoch dunkel war und sie nichts sahen, mußte der Druckers Peter sein Halstuch opfern, das sie ansteckten. Mit dem brennenden Tuch gingen nun Friedrich und Frank auf den Turm und holten die 50 Pfund schwere Glocke. Diese wurde zu dem versteckten Wein gebracht und ein Feuer angezündet. Die Glocke wurde auf das Feuer gelegt, und, nachdem sie heiß geworden war, mit einer gestohlenen Pflugschar zerschlagen. Die Glockenstücke verkauften sie einige Fußstunden entfernt in einem Judenhaus.

Danach zogen sie über Schwarz nach Rodenkirchen zurück und lagerten in einem Kornfeld, da der ursprüngliche Plan, einen Esel zu stehlen, noch nicht ausgeführt war. Dieses geschah in der folgenden Nacht.

Mit zwei Eseln zogen sie nach Fraurombach (bei Fulda) weiter.

Ein schlechtes Geschäft

Ein schlechtes Geschäft machten zwei Feldscheersjungen mit ihrer Beute, als sie in Elpenrod einen Braukessel gestohlen hatten.

Nach dem Einbruch in das Brauhaus und nach dem Losbrechen des Kessels trugen sie ihn in einen nahegelegenen Wald. Hier zerschlugen sie ihn und versteckten das Kupfer zwischen Rülfenrod und Otterbach in einem Waldloch. Sie selbst begaben sich nach Rülfenrod, um das Kupfer an bestimmte Juden zu verkaufen.

Als sie jedoch das Metall am Abend holen wollten, war es verschwunden. Die Bauern hatten die Bande unbemerkt verfolgt und konnten das Diebesgut wieder in ihren Besitz bringen.

Als der „lange Friedrich“, ihr Hauptmann, dieses erfuhr, hätte er beinahe einen der Gesellen umgebracht, da er selbst schon immer diesen Kessel gerne haben wollte.

Überfall auf das Haus des Schullehrers Johannes Nagel zu Otterbach im Jahre 1806

Zwölf Räuber hatten sich unter der Führung des „langen Friedrich“ zusammengeschlossen, um in der Nacht vom 23. zum 24. März 1806 das Schulhaus in Otterbach zu plündern. Sie rammten die Haustür mit einem Balken auf und drangen in die Stuben ein, in denen Johannes Nagel mit seiner Frau und die beiden Töchter schliefen. Die jüngste Tochter verkroch sich unbemerkt unter ihr Bett. Alle anderen sowie der Sohn des Lehrers, wurden gebunden, aufs Gesicht gelegt und mit Betten zugedeckt. Danach brachen die Räuber Kisten und Schränke auf. Hierbei fanden sie ca. 400 Gulden bares Geld und viele Kleidungsstücke.

Die Lehrersfrau versuchte unterdessen, durch die Tür zu entkommen. Einer der Räuber entdeckte sie jedoch und zog sie in die Stube zurück.

Danach wurde sie gebunden und so unbarmherzig geschlagen, daß sie tagelang das Bett hüten mußte.

Inzwischen waren die Nachbarn erwacht und ließen sich am Fenster sehen. Als die Räuber dies gewahrten, schlugen und schossen sie nach ihnen. Da aber die Bauern zurückschossen, unterließen sie weiteres Plündern und flohen in den nahegelegenen Wald.

Ein Straßen- und Lederraub im Zunderhardt, zwischen Fulda und Hainzell nach dem Pfingstmarkt 1808 in Fulda

Ein nächtlicher Raubüberfall ereignete sich im Zunderhardt, dem großen Wald östlich von Fulda, an der Straße nach Hainzell. Ausgeführt wurde die Missetat von Johann Adam Frank, „Druckers Peter", Johann Lehn II., Andreas Lehn und Heinrich Pfeiffer.

Sie waren auf dem Pfingstmarkt in Fulda gewesen und hatten dort beobachtet, daß ein Schuster größere Mengen Geld eingenommen hatte. Auf dieses Geld hatten es die Räuber abgesehen.

Mit geschwärzten Gesichtern lauerten sie in den Oberroder Tannen. Als es acht Uhr abends und von dem Schuster noch nichts zu sehen war, wollten sie ihren Plan schon aufgeben. Da kamen plötzlich zwei Frauen mit 22 Wildhäuten vorbei. „Das wäre etwas für uns!" rief einer der Räuber. Sogleich sprangen alle auf und entrissen den Frauen die Ware.

Die Überfallenen schrien vor Angst laut um Hilfe. Ein Teil der Räuber war mit dem Leder beschäftigt, währenddessen die anderen die Frauen heftig schlugen.

„Schlagt sie tot", rief einer der Räuber, „so hat die Jagd ein Ende!"

Dieser Schreckensruf ließ die Frauen sofort verstummen. Die Räuber verschwanden mit ihrer Beute im Wald.

Ein „qualifizierter Diebstahl mit Schießgewehr" zu Höckersdorf

Am 16. und 17. September 1809 überfielen sechs Räuber, darunter der lange Friedrich, ein Bauernhaus im Vogelsberg in Höckersdorf.

Fünf Mann leerten die Stuben aus, während Friedrich mit geladener Pistole Wache hielt.

Nach einiger Zeit wachte der Bestohlene auf und öffnete die Tür. In diesem Moment schoß Friedrich. Durch den Schuß aufgebracht, flohen die Räuber und ließen einen Teil ihrer Beute zurück.

Einer der Schurken, Leonhard Lang, hatte in aller Eile seine Schuhe verloren und mußte seine Flucht barfuß fortsetzen.

Bei Storndorf sammelte sich die Bande wieder, und die noch übriggebliebene Beute wurde aufgeteilt. Lang erhielt im voraus 15 Ellen Tuch zur Entschädigung.

Raubüberfall am 12. Oktober 1810 auf die Birkenmühle zwischen Metzlos und Metzlos-Gehaag

Zehn bis zwölf Räuber sind am
„12. Okobr des genannten Jahres abends nach 10 Uhr auf die zwischen Metzlos und Metzlos-Gehaag einsam liegende Birkenmühle, wo sie viel Geld vermuteten, gekommen und nachdem sie unter Lärmen und Schießen die Haus- und Stubentüre mit Holzstämmen und Holzspalten eingestoßen und dann mit Lichtern in die Stube eingedrungen sind, haben sie von der Hausfrau unter Drohung mit an die Kehle gesetztem Messer Geld verlangt, sie und ihren Schwiegervater, der ihr zur Hilfe kam, hart geschlagen und verwundet. Tische und Schränke und alles, was sie in ihrer Angst angab und wo sie Geld vermuteten, erbrachen, und dann, als sie nichts fanden, sie von neuem gefoltert. Dieser Tumult dauerte etwa 10 Minuten, als es in den beiden obengenannten Orten zu stürmen anfing, weil der Müller, der schon zu Bett lag, auf den ersten Baum in die Mühle sprang, durch ein Loch neben dem Rade sich durchzwängte und dann, als er die Mühle umstellt sah, auf Händen und Füßen eine Strecke fortkroch und nach dem nächsten Ort eilte und die Sturmglocke zog, welches man in dem anderen Ort ebenfalls hörte. Mit einer Anzahl von Leuten eilte er nach der Mühle zurück, worauf sich die Räuber schleunigst entfernten und nichts als ein Wachslicht und ein

Die Birkenmühle zwischen Metzlos und Metzlos-Gehaag *Foto: H. Bauer*

Pflugsech, was ihnen zum Aufbrechen diente, zurückließen. Sie hatten nur ganz wenig erbeutet. Man verfolgte sie noch in derselben Nacht bis Weidenau und Reinhards ins Hanauische und Fuldaische, wo man ihre Spur verlor. Wie man bemerkte, waren es insgesamt junge, in graue oder blaue Jäckchen gekleidete Leute gewesen, mehr klein als groß. Der mutmaßliche Anführer war ein großer, junger, hübscher, gutgekleideter Mensch gewesen. Nach dieser Beschreibung handelt es sich wahrscheinlich um den Langen Friedrich und seine Genossen."

Aus: Lauterbacher Anzeiger, Nr. 19, 1926

Stimmungsbild aus Bettlerkreisen

Ein Stimmungsbild aus Bettlerkreisen gibt der nachstehende Vers aus dem Anfang des 19. Jahrhunderts:

Ich ging emol noch Ilweshause schnurrn,
Do kom ich bei dem Poarr sei Dier (Tür),
Do loag en grußer Hund devier.
Ei du verfluxter Köhlerhund, woas hosde mich erschreckt
Mit deine weiße Zäh'!

Do guckt de Poarr dm Fenster raus
On säht: „Ihr seid schu emol dogewäst."
„Nein, doas woar ich net,
Doas woar de Anner, der bei mer woar,
Der hot en Rock, wie meiner woar."

Woar awwer nur umgewend – Schlabberdibäuk!

Quelle: Georg Michel, So Leut sein mir im Vogelsberg und Schlitzerland, Hannover 1964, S. 44

Räuberlied der Vogelsberger Banden

„Ich wor mal ins Tyrol gefockt
Und hegt mer'n Kiß voll Staubert g'schuppt;
Da kam der Roller nachgefockt
Und hegt mer Koberment gedockt,
Und hegt mer den Staubert wieder gezuppt.
Plattfuß. Amen!"

Quelle: Grolmann, S. 180 f.

Übersetzt:

„Ich war mal zu einer Mühle gezogen
Und hatte einen Sack voll Mehl gestohlen;
Da kam mir der Müller nachgelaufen
Und hat mir Schläge gegeben,
Und hat mir das Mehl wieder abgenommen.
Tanz. Amen!"

Unter Tyrol verstanden die Räuber Gegenden, bei denen die Mühlen unterhalb eines Hanges lagen.

Johann Heinrich Ritter

Vulgo „der jüngste Feldscheersjung, Hennerle, oder Heinrich mit der Geige“

Er wurde als Sohn eines Vagabunden in Landenhausen geboren. Im 8. Lebensjahr verlor er seinen Vater. Seit dieser Zeit besuchte er keine Schule mehr und entlief seiner Mutter. Im Winter spielte er in den Häusern reicher Bauern die Geige.

Schon vor seinem 15. Lebensjahr verband er sich mit der 40jährigen Gaunerin Gänse-Grith. Lange hielt diese Verbindung jedoch nicht. Bald machte eine andere Gaunerin, Anna Margaretha Müller, Jagd auf ihn. Sie wurde seine Hauptlehrerin in den Diebeskünsten.

1808 wurde er nach einem Tuchdiebstahl von der Fuldaer Regierung zur Strafe mit Ruten gestrichen und des Landes verwiesen.

Nach erneuten Diebereien im Vogelsberg zog er in die Wetterau.

Hier beging er seine letzten und bedeutendsten Verbrechen. 1810 wurde er unter falschem Namen in das Gießener Untersuchungsgefängnis gebracht.

Bald war er entlarvt und gestand 32 Diebstähle ein. Im Jahre 1812 wurde er zu lebenslangem Zuchthaus verurteilt.

Der Kreppelstein bei Stockhausen

Von diesem Steinkreuz gibt es 3 sagenhafte Deutungen:

a) Zwei Stockhäuser Brüder waren beim Mähen auf der Wiese. Sie setzten sich zum Frühstück nieder und aßen Kreppel. Ein Kreppel blieb übrig; um diesen kam es zum Streit, wobei einer der Brüder sein Leben lassen mußte. Er liegt unter dem Kreppelstein begraben.

Der Kreppelstein bei Stockhausen *Foto: H. Bauer*

b) Ein armer Stockhäuser ging aus seinem evangelischen Dorf über den Berg in das katholische Dorf Blankenau, um zu betteln. Er bekam Geld, Brot und Kreppel. Als dies dem katholischen Pfarrer in Blankenau zu Ohren kam, verfolgte er den Bettler, holte ihn auf der Höhe ein und stellte ihn zur Rede, weil er als Ketzer im fuldischen Dorf betteln gegangen war. Der Streit artete in Tätlichkeiten aus, bei denen der Bettler sein Leben lassen mußte. Der Stein hält die Erinnerung an die Freveltat wach.

c) Früher soll in Stockhausen ein Mönchskloster gestanden haben, im fuldischen Blankenauer Kloster lebten Nonnen. Beide Klöster waren durch einen unterirdischen Gang miteinander verbunden. In diesem Gang traf sich verbotenerweise ein Stockhäuser Mönch mit einer Blankenauer Nonne. Eines Tages kam der Teufel dem Mönch zuvor. Erst nach dem Betrug gingen der betörten Nonne die Augen auf, als sie den Teufel an seinem Pferdefuß erkannte. Sie fiel vor jähem Schreck tot um. Als der zu spät gekommene Mönch die Nonne tot fand, erstach er sich in seiner Verzweiflung. Seitdem heißt die Flur „der Zweifelsgraben".

Quelle: Georg Michel, So Leut sein mir im Vogelsberg und Schlitzerland, Hannover 1964, S. 157

Johann Leonhard Lang, auch Hann-Lehnert genannt

Er war ein uneheliches Kind der Dorothea Lahr aus Rixfeld bei Lauterbach. Seine Mutter war eine Erz-Gaunerin und unter dem Namen „Zunderdai" im Vogelsberg bekannt.

Lang handelte mit irdenem Geschirr und arbeitete von Zeit zu Zeit als Handlanger bei Maurern.

33 Diebstähle und Einbrüche gestand er ein. Durch das Urteil vom 12. Mai 1812 wurde er mit Rücksicht auf sein offenes Geständnis und seine gezeigte Reue zu lebenslänglichem Zuchthaus verurteilt und des Landes verwiesen.

Diese Landesverweisung war ein besonderes strafmilderndes Urteil, was in einigen Fällen ausgesprochen werden konnte.

Der Verurteilte durfte sich jedoch niemals mehr in dem Land aufhalten, in dem das Urteil gesprochen wurde. Kam er trotzdem zurück und wurde gefaßt, war ihm die Todesstrafe sicher.

Jonas Hoos von Reptich

Jonas Hoos war der Sohn eines angesehenen Bauern. Als der Vater nach dem Tode seiner Frau zum zweitenmal heiratete, lief Jonas als Neunjähriger von zu Hause weg und diente bei Jesberg in einem Wirtshaus den Fuhrleuten.

Nach kurzem Aufenthalt bei Verwandten und einem Schulbesuch ging er, nachdem er konfirmiert war, für immer fort.

Zunächst reiste er mit Fuhrleuten, durch die er ganz Deutschland kennenlernte. Später zog er mit Angelica Krämer, einer Dirne aus echtem Gaunergeschlecht, als Lumpensammler über Land. Sein erster Diebstahl brachte ihm acht Monate Zuchthausstrafe und die Landesverweisung ein. Nach insgesamt 17 ihm nachgewiesenen Diebstählen und Straßenräubereien wurde er mit 28 Jahren im Juni 1812 in Gießen mit dem Schwert enthauptet.

Folgende Verbrechen konnten Hoos nachgewiesen werden: Einbruch auf dem Licher Hof und in Södel, Beraubung eines Frachtwagens bei Friedberg, großer Diebstahl in Haarbach, Einbruch in Berstadt, Beraubung einer Schäferhütte bei Heblos, Einbruch und Diebstahl in Storndorf. Sein letztes Verbrechen war ein Straßenraub zwischen Sichertshausen und Allendorf.

Beraubung eines Frachtwagens bei Friedberg

Jonas Hoos und der Haarbacher Hannes waren 1807 in Friedberg bei einem Schlosser. Hier wollten sie Pistolen kaufen und reparieren lassen.

Abends sahen sie einen beladenen Frachtwagen vor einem Wirtshaus stehen. Der Fuhrmann spannte gerade die Pferde aus und brachte sie in den Stall.

Diese Gelegenheit benutzten Hoos und Hannes und schnitten eine Tasche sowie ein Paar Stiefel von dem Wagen ab. In der Tasche fanden sie 140 Taler in preußischer Münze, zwei Fuhrmannskittel und ein Hemd.

Nach diesem Raub zogen sie in Richtung Marburg und begingen in Wolfshausen einen ähnlichen Raub.

Der Hopfmannsfelder Galgen

Der Hopfmannsfelder Galgen am Feldweg von Hopfmannsfeld nach Hörgenau
Foto: H. Bauer

Viele Gemeinden hatten seit alten Zeiten den Blutbann, d. h. das Recht, Todesurteile auszusprechen und zu vollziehen.

Sie wurden mit dem Schwert, Galgen oder Rad vollzogen, wie hier in Hopfmannsfeld mit dem Galgen.

Conrad Anschuh

Conrad Anschuh oder Unschick aus Rodheim

Conrad verließ angeblich sein Elternhaus, da sein Vater Conrad Unschick wegen Ehebruch und Blutschande mit seiner ältesten Tochter in Untersuchung stand.

Zuerst diente er bei Hirten und beging bereits da Diebstähle; schließlich geriet er unter Gauner und Vagabunden.

Conrad wurde ein Räuber, der zu jeder Schandtat willig war. Er war grausam und heimtückisch.

1809 wurde er als verdächtiger Vagabund ergriffen. Damals hatte er einen Paß von dem in Marburg zu mehrjähriger Eisenstrafe verurteilten Conrad Kreis. Er nannte sich Conrad Kreis von Rosendorf.

Da man ihm nichts nachweisen konnte, wurde er entlassen und des Landes verwiesen.

Im Jahre 1811 wurde er in Freienseen bei Verwandten festgenommen.

Conrad Anschuh wurden 52 Straftaten nachgewiesen. Diese Straftaten reichten aus, um ihn im Alter von ca. 32 Jahren am 24. 3. 1813 durch das Schwert enthaupten zu lassen.

Der Mord im Mooser Teich

Vor alter Zeit ein Krämersmann
Im Vogelsberg schob seinen Karren voran.
Er führte allerhand Kurzwaren feil,
Doch ging das Hausieren nicht von Eil.
Er hatte einen Sohn, der konnte nicht gehn,
Konnt nicht auf seinen Füßen stehn,
Und wo er hin wollt Schritt vor Schritt,
Mußt nehmen er sein Krüppelchen mit.

Und mit der Zeit ward er es müd,
Als er so durch die Lande zieht,
Und denkt, ach wär ich meinen Krüppel los,
Wie schön wär dann mein irdisch Los.
Er kam bei Moos an dem Weiher vorbei
Und denkt, ich mach mich der Bürde frei.
Ich werfe den Krüppel in das Wasser hinein,
Das kann die beste Lösung sein.

Er hat's gedacht und hat's getan.
Der Sohn sieht flehend den Vater an,
Und siehe, den letzten brechenden Blick
Sendet er noch zum Vater zurück.
Dann sinkt er auf den Grund hinab.
Ins kalte, nasse Wassergrab. –

Der Spiegel ist glatt, als wär nichts geschehn,
Ich kann getrost meine Wege gehn,
So spricht der Mann und eilet fort,
Der Bürde frei, von Ort zu Ort. –
Nach Jahren kommt er wieder herbei,
Sein Weg führt an dem Weiher vorbei,
Da wo die ruchlose Tat geschehn,
Die kein Auge hat gesehn.

Es hat der Sturm das Wasser aufgewühlt
Und hat kleine Knöchlein herausgespült.
Ach, denkt er, die sind so spitzig und klein,
Zum Pfeife putzen sind sie halt fein.
Er steckt eine Handvoll in den Ranzen hinein
Und wandert nach dem Ort Herbstein,
Wo er ins nächste Wirtshaus einkehrt,
Damit er seinen Becher leert.

Frau Wirtin, hat sie Bier oder Wein?
Schenken Sie mir nur immerzu ein!
Sie sah ihn an mit stierem Blick
Und fuhr erschreckt von ihm zurück.
Dann sagte sie: Sag an, lieber Mann,
Was in deinem Ranzen so bluten kann?
(Das tröpfelnd an ihm niederrann,
So daß die ganze Stube schwamm.)

Er öffnete – und ward bleich wie der Tod,
Es blutet, o Wunder, jed Knöchlein so rot.
(Sie waren ja von seinem Sohn,
Den er hat längst vergessen schon.)
So mußt er's gestehen, ja fürwahr,
Daß er ein Mörder, Mörder war!
Man führte ihn dann vor Gericht,
Wo über ihn den Stab man bricht.

Es läutet ein Glöcklein von Herbstein herab,
Es zieht ein Zug in das Tal hinab.
Der Richter, der reitet auf hohem Roß,
Am Galgen im Grund, da hält der Troß.
Der Henker rollt den Mörder auf,
Am Galgen beschließt er den Lebenslauf.
Die Raben, die kommen zuhauf zumal,
Zu halten am Hochgericht ihr Mahl.

Auf der Erde liegt das bleichend Gebein,
Und niemand scharrt daselbst es ein.
Es findet seine Seele nicht Ruh,
Sie klagt an dem Weiher immerzu,
Und muß wohl halten ihre Klag,
Bis sie erlöst der Jüngste Tag.

Johann Adam Frank

Johann Adam Frank, vulgo „großer oder älterer Feldscheersjung, Hann-Adam, toller Hann-Adam oder Schwubger".

Sein Vater diente beim Militär und ging später unter die Vaganten. Die Mutter wurde von diesem verlassen und heiratete später einen herumziehenden Feldscheer namens Wilhelm Ritter. Den Beinamen Schwubger erhielt Johann Adam wegen seines schwankenden Ganges.

Im Herbst 1810 wurde er festgenommen und nach Gießen gebracht.

32 Einbrüche gestand Frank, für die er am 24. 3. 1813 die Todesstrafe durch das Schwert erhielt.

Vogelsberger Vaterunser

Waren die Bauern im Feld oder in der Kirche, so benutzten die Gauner diese Zeit, um bei den daheimgebliebenen älteren Männern und Frauen zu betteln oder eine Gelegenheit zum Diebstahl zu finden.

Da es seinerzeit üblich war, beim Betteln ein Gebet auszusprechen, schnatterten sie folgende Strophen unverständlich herunter, um als glaubwürdig „fromm" zu gelten. Diese Strophen nannten sie das „Vogelsberger Vaterunser".

Eingang:
Guten Morgen Finkelmuß!
Lebt der olmisch Schmalfuß noch?
Ja, ja, er lebt noch!
Wo scheft er dann?
Im Ringeling.
Butt Schund und Schäberling!

Ausgang:
Schund und Schmunk
sind zweierlei.
Butt du den Schund und ich den Schmunk,
So bleiben wir alle beide gesund.
Plattfuß. Amen.

Viele Wörter entstammen dem Jenischen. Ins Hochdeutsche übersetzt lautet das „Vogelsberger Vaterunser" folgendermaßen:

Eingang:
Guten Morgen Hexe!
Lebt der alte Kater noch?
Ja, ja er lebt noch!
Wo ist er dann?
Im Garten.
Frißt Dreck und Rüben!

Ausgang:
Dreck und Butter
ist zweierlei.
Friß du den Dreck und ich die Butter,
So bleiben wir alle beide gesund.
Tanz. Amen.

Johann Balser Pfeiffer, auch Weisbrods Balser oder schwarzer Balser genannt

Er war ein Hauptmitglied der Vogelsberger Bande, gebürtig aus Maar bei Lauterbach.

In seinem ganzen Äußeren glich er angeblich einem Südsee-Insulaner. Seinen Mund bewegte er öfter hin und her wie ein Kaninchen und zeigte dabei seine weißen Zähne. Seine Sprache war etwas läppisch, aus diesem Grund wurde er auch das Teigmaul genannt.

Er handelte mit hölzernen Waren, lebte aber hauptsächlich von Bettelei und Stehlen.

33 Diebstähle und Einbrüche konnten ihm nachgewiesen werden, und auch ihn traf 1813 die Todesstrafe.

Johann Georg Pfeiffer, vulgo Weisbrods Hann-Georg

Sein Vater Johann Philipp Pfeiffer war mit dem Hessen-Kasselischen Militär in Amerika, diente anschließend als Husar bei den Preußen und lebte bis zu seinem Tode als Vagabund. Seine Mutter zog ebenfalls im Lande umher.

Mit 27 Jahren, im Herbst 1811, wurde Johann Georg Pfeiffer festgenommen und am 21. Okt. 1811 nach Gießen ins Gefängnis eingeliefert.

Schon einmal, im Jahre 1810, war er in Fulda festgenommen worden, konnte jedoch in der Walpurgisnacht (30. April) desselben Jahres ausbrechen.

Von Natur aus hatte er ein weiches Herz und Gemüt, aber die Armut hatte ihn zum Verderben geführt. So leichtsinning er ansonsten war, standen ihm bei seiner Vernehmung öfters Tränen des Schmerzes und der Reue in den Augen.

„Als ich klein war", sagte Pfeiffer zum Inquirenten, „bettelte ich. Als ich herangewachsen war, schämte ich mich zu betteln. Die Leute gaben mir nicht mehr reichlich, sie meinten, ich könne arbeiten. Arbeiten aber war meine Sache nicht; ich mußte also stehlen. Ich wollte gerne gut leben; und darum mußte ich viel stehlen. Dieses viele Stehlen bringt mich nun ins Verderben." (nach Grolmann)

Bei allen in diesem Buch aufgeführten Räubern gab es mehr oder weniger „leichte und schwere" Diebstähle und Verbrechen. An Johann Georg Pfeiffer soll einmal aufgezeigt werden, welche Straftaten ihm von Hofgerichtsrat v. Grolmann nachgewiesen wurden.

„ 1. Tuch-Diebstahl zu Rixfeld
2. Diebstahl zweier Geisen und eines Bocks zu Radmühl
3. Diebstahl mit Einsteigen und Einbruch auf dem Wasemichshof bei der Ziegelhütte, im Kahlgrund
4. Esels-Diebstahl auf der Lepper-Mühle im Buseckertal, mit Einbruch
5. Schaaf-Diebstahl aus dem Pferch bei Ermenrod
6. Qualifizirter Diebstahl bei Höckersdorf
7. Tuch-Diebstahl auf dem Hof Vitmes
8. Qualifizierter Braukessel-Diebstahl zu Freiensteinau
9. Großer Diebstahl mit Einbruch zu Gedern
10. Großer Diebstahl zu Kerbersdorf (Großherzogtum Frankfurt)
11. Qualifizirter Diebstahl zu Vollmitz, ohnweit von Schlüchtern

Johann Georg Pfeiffer
vulgo Weisbrods Hann Georg

12. Versuchter Einbruch auf der Gerlachs-Mühle ohnweit Vollmitz, Vollzogener Gänse-Diebstahl daselbst
13. Einbruch zu Ahl, zwischen Steinau und Saalmünster
14. Versuchter Einbruch bei einem Krämer zu Mittelsinn
15. Einbruch zu Obersinn
16. Versuchter Einbruch auf einer Mühle bei Obersinn
17. Diebstahl dreier Schaafe bei Joh. Kaspar Lehmig zu Nieder-Seemen
18. Einbruch zu Burgjoß, Departements Aschaffenburg
19. Schaaf-Diebstahl zu Marborn mit Einbruch
20. Diebstahl zweier Schaafe zu Ahl
21. Geisen-Diebstahl zu Bermuthshain
22. Diebstahl zweier Esel auf der Trümper-Mühle bei Neustadt (Breuberg)
23. Einbruch und tentirter Kessel-Diebstahl zu Ober-Breidenbach
24. Versuchter Ferkel-Diebstahl auf der Grundmühle daselbst
25. Vollzogener Diebstahl eines Waschkessels allda

26. Versuchter Einbruch zu Boppenrod im Fuldischen
27. Einbruch zu Hauswurz
28. Diebstahl von 4 Schaafen zu Holzmühl
29. Diebstahl eines Siedkessels zu Weitershain auf der Rabenau, mit Einbruch
30. Einbruch und Kessel-Diebstahl zu Klein-Eichen, Gericht Ober-Ohmen
31. Kessel-Diebstahl mit Einbruch zu Wettsaasen
32. Tuch-Diebstahl zu Niedenhausen, A. Grebenau modo Alsfeld
33. Diebstahl von Kleidungsstücken zu Schlitz
34. Concurrenz zur tentirten Aushebung eines Pfarrers 1,5 Stunden von Hartmannshain (wahrscheinlich Pfarrer Löber zu Breungeshain)“

Orte, in denen Einbrüche von Joh. G. Pfeiffer nachgewiesen wurden

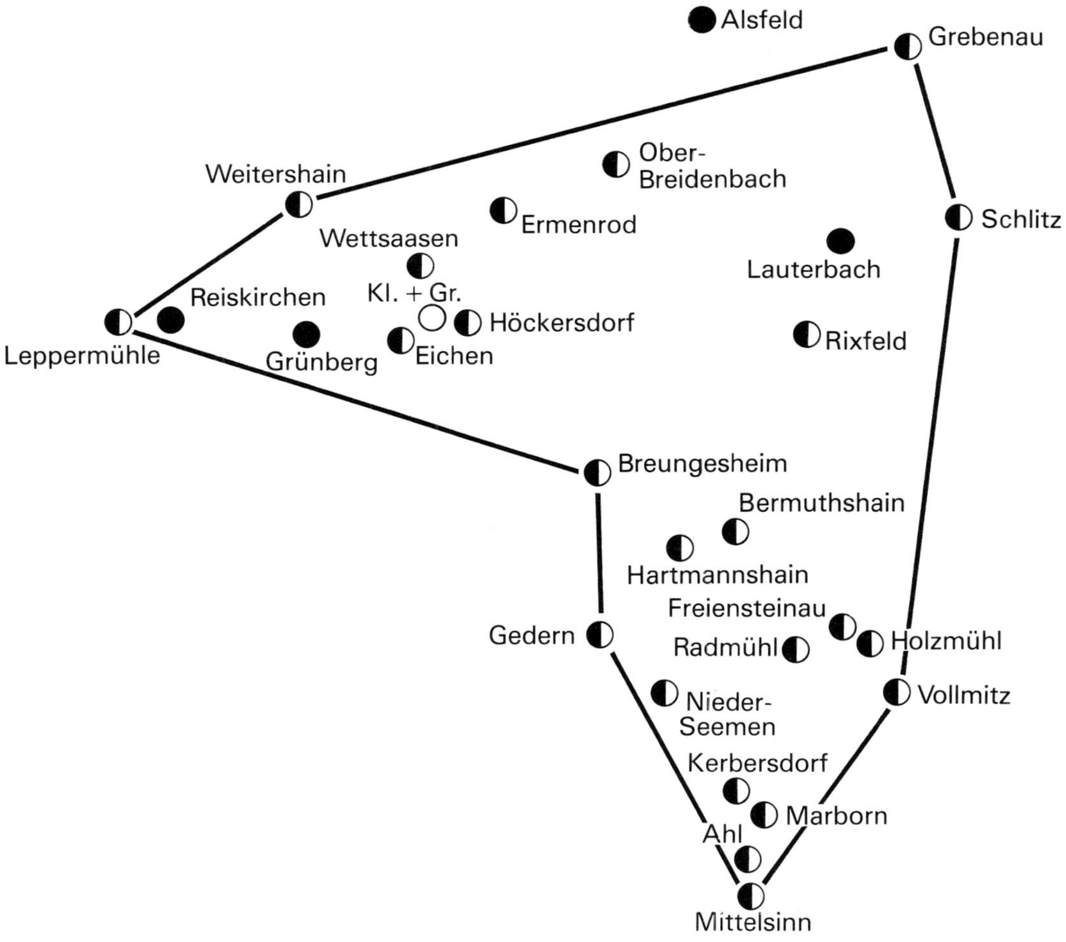

Räuberlied

um den Gedanken einer gerechten Güterverteilung

Lustig ist das Räuberleben,
Freier ist kein einz'ger Standt.
Die Tyrannen selbst erbeben
Vor der Dolchbewehrten Hand.
Reichtum ist, so wir ihn finden,
Unser aller Eigenthum.
Hoch auf Bergen, tief in Gründen
Schallt vor Schrecken unser Ruhm.

Felsen gleich stehn wir zusammen,
Wo man uns zu schaden strebt;
Mag der Reiche uns verdammen,
Der vom Schweiß der Armen lebt.
Fluch und Todt wird jedem Prasser,
Der den Niedern frech betrübt!
Schand und Tod dem Freiheits-Hasser,
Jedem, der nicht Freiheit liebt.

Rücken auf uns auch die Schaaren
Mächtger Unterdrücker ein,
Freiheit lehret in Gefahren
Muthig sich dem Tode weihn.
Wie wir unsern Hauptmann ehren,
Ehren wir auch sein Gebot.
Hebt die Hände auf: wir schwören
Allen seinen Feinden Tod!

(mündlich überliefert)

Die Wetterauer Räuberbanden und ihre Verbrechen

Jacob Heinrich Vielmetter
vulgo alter Jacob Heinrich

Jacob Heinrich Vielmetter oder alter Jacob Heinrich

Bei seiner Auslieferung von Bergen nach Gießen war er 65 Jahre alt. Sein Geburtsort war Oberhain bei Usingen. Er hatte nie eine bleibende Wohnstätte. Bei seinem Gaunertum trieb er Handel mit steinernen Waren und fertigte Körbe.

Sein Wesen war einschmeichelnd, aber boshaft und hinterlistig.

Als ihm bei der Vernehmung in Gießen einige Diebstähle vorgehalten wurden, die er begangen haben sollte, gab er folgende Äußerung:

„Mein Herr Hofgerichts-Rath! was sollte ich leugnen, wenn es wahr wäre, was Sie mir vorhalten?

Ich habe schon so vieles gestanden, daß ich doch nicht wieder loskommen werde. Weiter, das weiß ich, wird mir doch nichts geschehen. Ohne Bedenken würde ich also noch mehr sagen, wenn ich es gethan hätte. Und, glauben Sie mir, ich habe keine Furcht vor dem Schicksal, das mir bevorsteht! Im Gegentheil, ich bin sehr wohl damit zufrieden, und es wäre mir leid, wann ich je wieder loskäme. In Bergen, wo ich saß, ehe ich hierher kam, konnte ich durchgehen, wie mein Sohn auch durchging. Allein, ich wollte nicht.

Sagen Sie selbst, was soll ich noch in der Freiheit anfangen? Ich bin ein alter Mann, der nicht mehr recht fortkommen, und auf keine Weise sich mehr gut ernähren kann. Wo soll ich mich aufhalten, da ich überall ausgeschrieben bin, da mich jedes Kind beinah kennet, und da man keinen armen Menschen mehr mit Pässen versiehet? Die jetzige Unsicherheit für das Gaunerleben hat mir solches zum Ekel gemacht.

Hier und in dem Zuchthaus habe ich mein Obdach, meine Kleidung, meine Lagerstätte, und ziemlich gutes Essen. In der Freiheit würde ich um alle diese Bedürfnisse in steter Verlegenheit seyn müssen." Grolmann schreibt weiter: „Diesem ohnerachtet schlug Inquisit in der Folge nicht aus, mit von der Parthie zu seyn, als der größte Theil der hier sitzenden Gauner durchzubrechen beschlossen und versucht hatte. Er nahm aber keinen thätigen Antheil, sondern ließ sich blos von den Andern bereden, mitzugehen."

Jakob Heinrich Vielmetter konnten 60 Räubereien nachgewiesen werden. Am 22. Sept. 1812 erging folgendes Urteil:

Urtheil

„In Untersuchungs-Sachen gegen Jacob Heinrich Vielmetter aus Oberhain, wegen vieler Diebstähle, unterhaltener Diebsverbindung und geführten Räuber- und Vagabunden Lebens, wird auf amtspflichtige Untersuchung, erbrachte Vertheidigung und erstatteten schriftlichen Vortrag zu Recht erkannt:

Daß Jacob Heinrich Vielmetter wegen attentirten Straßenraubs, Kirchen-Diebstahls zu Maria Ehrenberg, vieler großer und kleiner, zum Theil durch Bewaffnung, Einsteigen und Einbrechen qualifizirter Diebstähle, an denen derselbe geständiger- und erwiesenermaßen bald näheren, bald auch nur entfernteren Antheil genommen, wegen lange Jahre unterhaltener förmlicher Diebsverbindung mit anderen Räubern von Profession und geführten Gauner- und Vagabunden-Lebens, zur Lebenslänglichen Zuchthausstrafe zu verurtheilen sey. V.R.w.

Dessen zu Urkund ist dieser Urtheils-Brief nach Verordnung Grosherzogl. Hessischen Hofgerichts ausgefertigt und mit dem größeren Gerichts-Insiegel versehen worden. So geschehen Gießen, den 18ten Sept. 1812."

Wetterauer Räuberlied

das Lieblingslied des Vielmetters

Hopsa Viva insgemein,
wie die Kochemer Künstler seyn!
Sie boschen die Strahle auf und nieder,
sie scheften sich auf die Strahle nieder,
bis ein Freyer holcht herbey,
mit einer Blete, zwey oder drey.

Hopsa Viva insgemein,
wie die Kochemer Künstler seyn!
Guter Freund! Wo boscht ihr hin?
Boscht ihr zu dem Mokum h'nin?
In den Kober, zu dem Jain?
Wir wollen zwey Kameruschen seyn!

Hopsa Viva insgemein,
wie die Kochemer Künstler seyn!
Als der Freyer gedippelt drein,
mußt er auch schon gerissen seyn.
Als der Freyer gerissen war,
macht sich der Kochemer aus der Gefahr.

Ins Hochdeutsche übersetzt lautet es:

Hopsa Viva insgemein,
wie wir Diebe Künstler sein!
Sie gehen die Straße auf und nieder,
sie setzen sich auf die Straße nieder,
bis ein Passant kommt herbei,
mit einem Geldstück, zwei oder drei.

Hopsa Viva insgemein,
wie wir Diebe Künstler sein!
Guter Freund! Wo geht ihr hin?
Geht ihr zu der Stadt da hin?
In das Wirtshaus zu dem Wein?
Wir wollen zwei Kameraden sein!

Hopsa Viva insgemein,
wie wir Diebe Künstler sein!
Ehe der Passant geantwortet hat,
muß er schon niedergeschlagen sein,
als der Passant ausgeplündert war,
macht sich der Dieb aus der Gefahr.

Quelle: Grolmann, S. 256 ff.

Ehebruch, grausame Mißhandlung seiner neuen Beischläferin und Beraubung derselben

Jacob Heinrich Vielmetter hatte seine Frau verlassen und lebte mit einer anderen Frau namens Liesel zusammen. Sie verdiente ihren Unterhalt durch Verkauf von Kleinwaren, die sie in einem Krämerkasten mitführte. Konnte sie nichts verkaufen, so spielte sie den Bauern ein Lied auf einer Orgel vor, die sie immer als Ersatz mitführte.

Nach einer gewissen Zeit hatte Frau Vielmetter herausgefunden, wo sich ihr Mann befand und suchte ihn auf.

Sie verstand es, ihn zu überreden und Liesel zu verlassen. Daraufhin wurde Liesel erbärmlich von beiden geschlagen und mißhandelt.

Liesel mußte ohne Krämerkasten und ohne Orgel ihre Flucht ergreifen. So wurde sie ihrer ganzen Habseligkeit beraubt, womit sie sich und den Undankbaren ernährt hatte.

Ein Weib

Sie hatten sich beide so herzlich lieb,
Spitzbübin war sie, er war ein Dieb.
Wenn er Schelmenstreiche machte,
Sie warf sich aufs Bett und lachte.

Der Tag verging in Freud und Lust,
Des Nachts lag sie an seiner Brust.
Als man ins Gefängnis ihn brachte,
Sie stand am Fenster und lachte.

Er ließ ihr sagen: „O komm zu mir,
Ich sehne mich so sehr nach dir,
Ich rufe nach dir, ich schmachte –“
Sie schüttelt das Haupt und lachte.

Um Sechse des Morgens ward er gehenkt,
Um Sieben ward er ins Grab gesenkt;
Sie aber schon um Achte
Trank roten Wein und lachte.

Heinrich Heine
Neue Gedichte, Romanzen I

Michael Borgener, vulgo Polengängers Michel

Michael Borgener war der Bruder von Johannes Borgener. Sein Vater war Wilhelm Borgener (vergl. Johannes Borgener).

Michael Borgener wurden etwa 25 begangene Diebstähle nachgewiesen. Mehrere von diesen waren groß und die meisten geschahen durch Einbruch, Einsteigen, oder mit Waffengewalt.

Von Grolmann schreibt über ihn:

„34 – 36 Jahr alt, angeblich aus Flörsbach im Hanauischen gebürtig, katholischer Religion, ohne festen Wohnsitz, 5 Fuß 1 Zoll 3 Strich groß, gesetzter Statur, hat das Ansehen von einem 40er, länglich bräunlichrotes Gesicht, mit dunkelem, schwarzlichen starken Bart, hellbraune Kopfhaare, etwas dunklere, sehr gebogene und zusammenlaufende Augenbrauen, gewölbte Stirn, kleine runde tiefliegende grünbraune Augen, starke Nase, aufgeworfenen dicken ziemlich großen Mund, mit stark gefüllten herzförmigen Lippen, und ein vollkommenes rundes Kinn, Korbmacher und Musikant, auch Krug- und irrden Geschirrhändler.“

Er wurde am 31. 10. 1810 auf dem Ortenberger Jahrmarkt festgenommen und erhielt am 2. Nov. 1812 eine zwanzigjährige Zuchthausstrafe.

Johann Valentin Christian Oberländer
genannt der schwarze Christel
oder
Löffel Hannes

Johann Valentin Christian Oberländer, bekannt unter dem Namen schwarzer Christel oder „Löffelhannes“

Johann Valentin Christian wurde im Jahre 1811 mit 65 Jahren festgenommen. Angeblich war er zu Orbach im Sachsen-Gothischen geboren. Er war ohne bleibenden Wohnort und hielt sich hauptsächlich in der Wetterau auf.

Seine Geschäfte waren Betteln, Stehlen und der Handel mit hölzernen Waren. Zeitweise soll er auch im Vogelsberg und im Raum Hanau sein Unwesen getrieben haben.

Sein Vater soll auf der Tannenmühle zwischen Rodheim und Köppern gewohnt haben. Zuletzt war dieser auch Landstreicher, handelte mit hölzernen Waren, und starb zu Poppenhausen im Fuldischen.

Bei der Festnahme hatte „Löffelhannes“ einen falschen Paß mit Namen Johann Peter Weber. „Löffelhannes“ war kaltblütig, überlegt und entschlossen, und es war schwer, ihm seine Identität sowie seine 54 Diebstähle nachzuweisen.

Am 9. Nov. 1812 wurde er zu vierundzwanzigjähriger Zuchthausstrafe verurteilt.

Es wollt ein Mann

1. Es wollt ein Mann in seine Heimat reisen,
er sehnte sich nach seinem Weib und Kind;
er mußt' daher einen großen Wald durchreisen,
als plötzlich ihn ein Räuber überfiel.

2. „Gib mir dein Geld, dein Leben ist verloren,
ich morde dich, so wahr ich Räuber bin,
gib mir dein Geld, sonst tu ich dich durchbohren,
ich setze dir den Dolch auf deine Brust."

3. Der Räuber blieb ein Weilchen vor ihm stehen,
zum Morden hatte er noch keine Lust,
„aber ach, aber ach, was muß ich dorten sehen,
was trägst du dort auf deiner blanken Brust?"

4. „Es ist das Bild von meiner lieben Mutter,
es ist das Bild, meine Mutter gab es mir."
„Verzeihe mir, verzeihe mir, mein Bruder,
verzeihe mir, dein Bruder steht vor dir.

5. Sechs Jahre sind's, daß wir uns nicht gesehen,
so reist' ich nun in diesem Land herum,
und jetzt muß ich als Räuber vor dir stehen;
verzeihe mir, was ich an dir getan!"

(mündlich überliefert)

Johann Heinrich Vogt aus Gilsenberg, vulgo „Schoden-Heinrich"

Bei seiner Festnahme 1811 war er 35 Jahre alt, er wurde von Bergen nach Gießen ausgeliefert, wo er unter dem Namen Winkler in Untersuchungshaft saß.

Sein Vater Jakob Vogt war Bauer in Gilsenberg und soll einst sehr wohlhabend gewesen sein, starb aber aus unbekannten Gründen ohne Vermögen.

Mit 15 Jahren verließ Johann Heinrich Vogt seinen Geburtsort und zog nach Elberfeld, um dort das Schmiedehandwerk zu erlernen. Hier hielt er es jedoch nur eineinhalb Jahre aus, trieb sich anschließend als Knecht und Tagelöhner umher und wurde bald Tagdieb und Gauner.

Nachfolgende Verbrechen wurden ihm angelastet, die mit einem x gekennzeichneten hatte er selbst eingestanden.

1. Straßenraub im Königsteiner Wald an einem Juden und einem Christen
2. Straßenraub an selber Stelle an einem Metzger
3. Beraubung und Mißhandlung eines Bäckers von Seulberg
4. Schwere Mißhandlung zweier Leute aus Köppern
5. Versuchter Straßenraub bei Münzenberg
6. Versuchter Straßenraub zwischen Hainchen und Himbach
7. Vollzogener Straßenraub zwischen Hainchen und Himbach
8. Straßenraub bei Lich an Licher Juden
9. Versuchter Einbruch zu Heldenbergen
10. Diebstahl eines großen Brandwein-Geschirrs im Wirtshaus zu Heldenbergen
11. Bestürmung des Hauses eines Juden zu Erbstadt und Ermordung desselben
12. Großer Straßenraub bei Kleinrechtenbach
13. Tentierter Raub bei Gelnhausen
14. Tentierter Braukessel-Diebstahl zu Ober-Widdersheim
15. Einbruch und Diebstahl eines Kessels und mehrerer Hemden zu Weckesheim
16. Öl-Diebstahl mit Einbruch auf der Dorheimer Mühle

x 17. Diebstahl von Kuhhäuten mit Einbruch zu Münzenberg
x 18. Qualifizierter Diebstahl zu Ober-Hörgern mit Mißhandlungen
19. Einbruch und Zinn-Diebstahl im Pfarrhaus zu Muschenheim
x 20. Braukessel-Diebstahl zu Ziegenberg

21. Diebstahl einer Glocke bei Friedberg
22. Großer Diebstahl in dem Berg-Wirtshaus in Gedern
23. Qualifizierter großer Diebstahl bei Herrn Grafen Rohde auf der Oberburg bei Heldenbergen
24. Wasch-Diebstahl auf dem Pfaffenhof
25. Straßenraub bei Vilbel
26. Straßenraub auf der langen Meile
27. Entwendung eines Bierkessels auf dem Pfaffenhof
x 28. Qualifizierter Diebstahl zu Kaichen
29. Einbruch zu Steinheim
x 30. Kessel-Diebstahl auf der Scharrmühle
31. Diebstahl eines Stück Tuches auf dem Pfaffenhof
32. Diebstahl mit Einbruch und Waffen bei einem Krämer zu Langenbergheim, Isenburg-Meerholzischen Amtes Marienborn
33. Diebstahl eines Brandweinkessel-Hutes auf einer Mühle ohnfern des vorigen Ortes
34. Straßenraub zwischen Kloppenheim und Nieder-Wöllstadt, ohnfern der neuen Herberge, Febr. 1809
35. Zinn- und Dörrfleisch-Diebstahl in dem Schloß Ilbenstadt, mit Einbruch

Nach den Untersuchungen wurde der „Schoden-Heinrich“ am 20. Dez. 1812 nach Marburg ausgeliefert, wo er die lebenslängliche Eisenstrafe erhielt.

Ortschaften, in denen „Schoden-Heinrich" sein Unwesen trieb

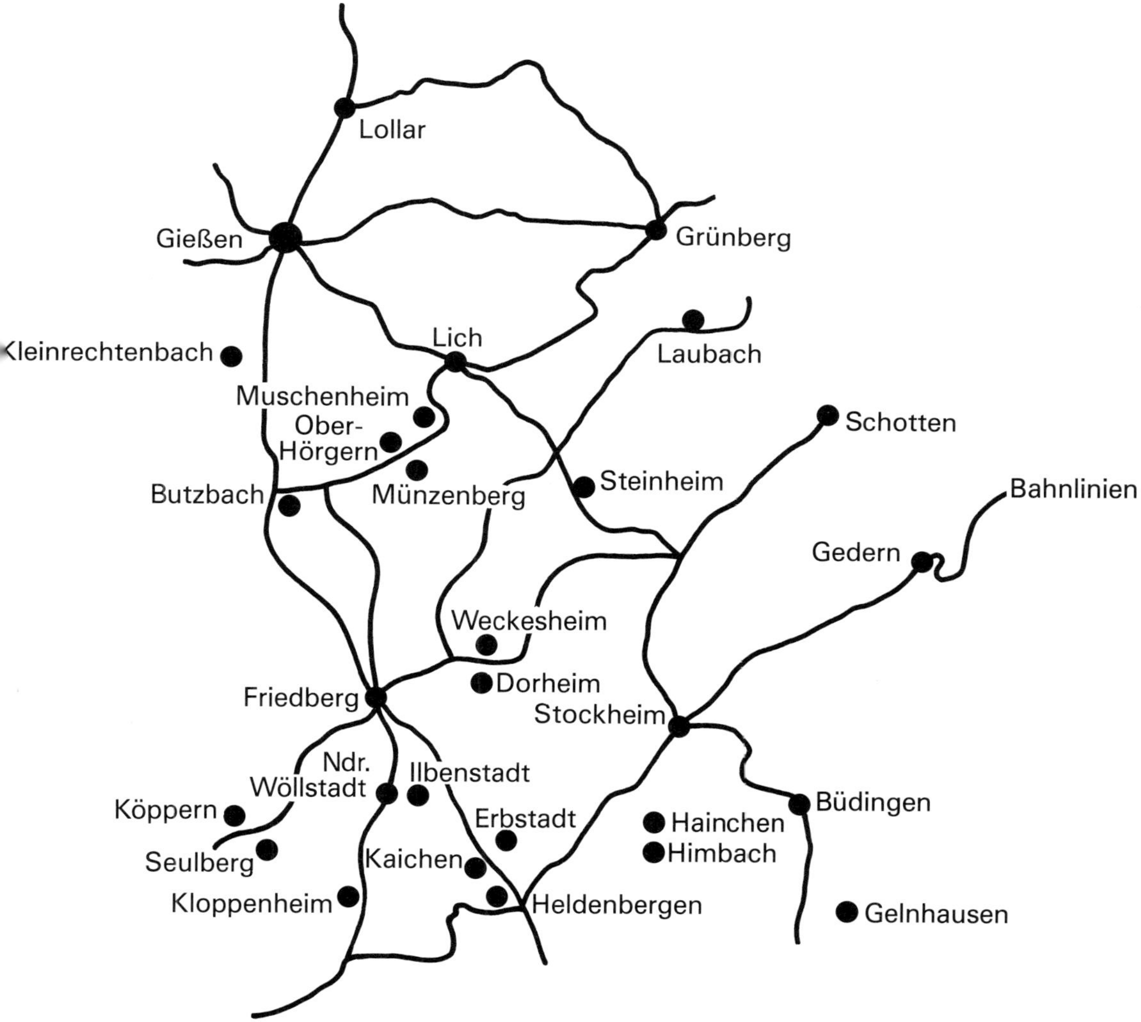

Schoden-Heinrich im „Netz“

Hessen-Heinrich, Ludwig Funk, Haarbacher Hannes, Schoden-Heinrich, Heiden-Peter und vier andere Räuber trafen sich am 31. Jan. 1809 in Münzenberg.

Diesmal war der Schoden-Heinrich der Ballmasematte (Anführer) und hatte die „Matadors“ zusammengerufen.

Sie wollten in Ober-Hörgern (bei Münzenberg) das Haus eines Einwohners namens Heinrich Bröder berauben. Die Familie war nicht zu Hause und der Eingang verschlossen, als sie abends gegen 7 und 8 Uhr ankamen. Hessen-Heinrich hatte einen Karabiner, Heiden-Peter eine Pistole griffbereit, der Rest der Bande war mit Prügeln und Stecken ausgerüstet.

Nachdem sie die Haustüre aufgesprengt hatten und die Kisten mit Kleidern, Wäsche, Tuch und barem Geld zum Teil entleert hatten, hörten sie ein Zeichen vom Heiden-Peter, der Wache stand. Sie rannten aus dem Haus und stießen auf mehrere Frauen, die dicht am Haus vorbeigehen wollten. Ohne lange zu zögern mißhandelten der Schoden-Heinrich, Hessen-Heinrich und Haarbacher Hannes diese Mädchen.

Durch das Geschrei der Frauen wurden einige Bauern mißtrauisch und folgten den Hilfe-Rufen.

Die Räuberbande konnte gerade noch, außer Schoden-Heinrich, mit einem Teil der Beute entfliehen. Ihn hatten sie im ersten Moment überwältigen können. Blitzschnell zog der Gauner jedoch ein Messer und konnte so entfliehen. Aber er sollte nicht weit kommen. Man hatte ihn an der Wetter, die zu dieser Zeit stark angeschwollen war, in die Enge getrieben. Es blieb ihm nichts anderes übrig, als sich zu ergeben oder sich in die Fluten zu stürzen, was er auch tat.

Sein Glück oder Pech war jedoch, daß Fischer gerade an dieser Stelle ein Netz ausgelegt hatten. In ihm verwickelte er sich und wurde kurz vor dem Ertrinken von den Bauern festgenommen. Diese brachten ihn ins Amt nach Nieder-Weisel, aus dem er nach sechs Tagen wieder ausbrechen konnte.

Johannes Borgener, vulgo Polengängers Hannes

Mit 24 1/2 Jahren wurde er am 1. Sept. 1811 zu Gießen eingeliefert. Sein angeblicher Geburtsort war Rensthal, gelegen bei Salmünster. Nie hatte er eine bleibende Wohnstätte.

Johannes Borgener vulgo Pohlengängers Hannes

Neben dem Gaunern stellte er Mahnen (großer Korb, Kieze) und Körbe her und wurde daher der Mahnenmacher oder Mahnenhannes genannt.

Sein Vater Wilhelm Borgener versilberte sein ganzes Vermögen, zog nach Polen, kam nach einigen Jahren verarmt wieder zurück, durchstreifte den Vogelsberg und starb bei Schotten unter freiem Himmel.

Seine Mutter hielt sich in und um Gelnhausen auf. Durch die Lebensart seiner Eltern wurde er zum Gauner.

Kräftig und unerschrocken wurde er bald berüchtigt und gesucht.

Schon 1801 wurde er mit seiner Mutter verhaftet und nach Gießen eingeliefert. Da ihnen aber keine besonderen Verbrechen nachzuweisen waren, wurden sie nach einer Woche unter Landesverweis wieder entlassen.

Im Februar 1808 wurde er zum 2. Mal in Gießen eingewiesen und erlangte nach etlichen Wochen unter Landesverweisung erneut die Freiheit. Beide Male wurde er im Vogelsberg festgenommen und die

2. Landesverweisung wurde mit seiner Personenbeschreibung in der Zeitung veröffentlicht. Dieses trieb ihn aus der Gegend. Er zog in die Wetterau, wo er mehrere Jahre sein Unwesen trieb.

Am 2. Sept. 1811, nach seiner letzten Einlieferung, begann sein Verhör und das Geständnis seiner Verbrechen, das zu seiner Hinrichtung durch das Schwert am 24. 3. 1813 führte.

Ein weiteres oberhessisches Räuberlied

Dies „Vogelsberger und Wetterauer Räuberlied" war das Lied von Johannes Borgener, vulgo Polengängers Hannes genannt.

Lustig ist das Kochemer Leben,
wenn wir uns in d'Wehsch (Wald) begeben,
in dem Jaar (Wald) ist Lust und Freud,
lustig sind wir Kochemer Leut.
Trallerallera, Trallerallera,
Trallerallera, Trallerallera.

Wann uns tut der Buttlack (Hunger) plagen,
tun wir uns ein Balo (Schwein) jagen,
jagen wir im Gefahr (Dorf) herum,
eins davon ist unser Lohn.
Trall. ...

Wann die Kaffer (Mannsleute) schuppen (stehlen) holchen (gehen),
tun die Schickse (Weibsleute) ihnen folgen,
bringt dann der Kaffer die Schore (gestohlene Ware) herbei,
buckeln (tragen) sie's vom Emmes zum Bajes hinein.

Emmes = verabredeter Platz
Bajes = Haus, Diebesherberge

Wann wir im Gritschimme (Wirtshaus) liegen,
tun wir flugs die Gahtsche (Leute) betrügen,
Gritschimari (Wirt) schenk ein vom besten Malain (Wein),
Laßt uns Kochemer lustig sein.
Trall. ...

Tut uns dann der Gahtsche (Bauer) neren,
lassen wir unsre Driknalschker (Dreibätzner) wechseln,
machen dann unsre Kochemer Kunst (Diebshandwerk),
kommen d'Driknalschker gleich wieder zu uns.
Trall. ...

Wann wir ein'n Kochemer machen,
tut das Kuder im Buhch (Kind im Leib) schon lachen,
sie kommen zum Treff zum Knalschke heraus,
sie schauen wie der Bingo (Teufel) aus.
Trall. ...

Hinter dem Bajes (Haus), hinter der Schorne (Scheune),
treiben wir unsre Kochemer Skorne (Kunst),
aber jetzt ist alles umsonst,
das macht unsre Kochemer Kunst.
Trall. ...

Quelle: Grolmann, S. 424 ff.

Ludwig Funk, vulgo Sellnröder Ludwig

Ludwig Funk, in Sellnrod bei Ulrichstein geboren, lebte bis zu seinem 15. Lebensjahr bei seinem Vater Konrad Funk. Dieser besaß ein eigenes Häuschen und auch etwas Land. Nebenbei verkaufte er Obst und konnte so seinen Lebensunterhalt bestreiten. Da er in den Sommermonaten seine Ware absetzen mußte, nahm er Ludwig auf seinen Reisen mit. Die Schule kam bei solchen Unternehmungen für den Buben zu kurz, sie wurde einfach geschwänzt.

Nach der Schulentlassung sollte er beim Bruder des Vaters das Maurerhandwerk erlernen. Hier hielt es Ludwig aber nur 1 1/2 Jahre aus; im 17. Lebensjahr lief er von zu Hause weg. Zuerst versuchte er seinen Lebensunterhalt mit Betteln zu bestreiten, später mit kleinen Diebstählen. Bald war er in den Räuberkreisen bekannt.

Schon 1805 wurde er im Vogelsberg mit anderen Räubern gefangen genommen und ins Stockhaus nach Gießen eingeliefert, wo ihm einige Diebstähle nachgewiesen wurden, die ihm am 6. Dez. 1805 eine zwei-

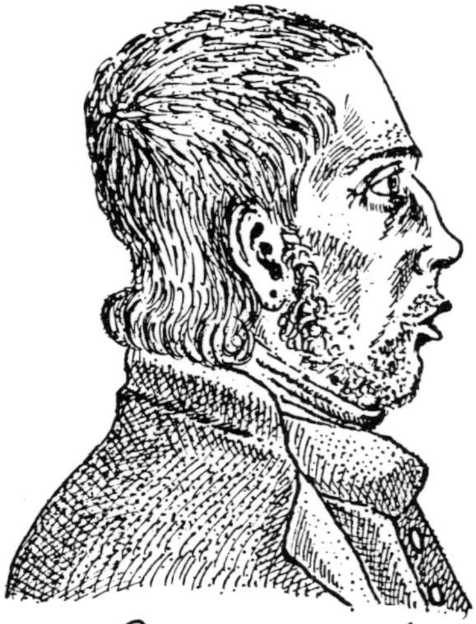

Ludwig Funk

jährige Zuchthausstrafe mit 20 Prügeln zum Antritt der Strafe sowie 20 bei der Entlassung einbrachten. Am 5. Dez. 1807 wurde er nach verbüßter Strafe entlassen.

Da der Winter ins Land gezogen war, ging er zunächst in sein Heimatdorf nach Sellnrod zurück, wo er blieb, bis Schnee und Eis von der Sonne verdrängt waren.

Im folgenden Jahr 1809 erregte er in der Wetterau Aufsehen, doch die Zeit der Freiheit sollte nicht lange dauern. Bereits im Sept. 1809 wurde er wieder in Gesellschaft eines Räubers gefangengenommen.

Erneut kam er in Untersuchungshaft und wurde am 9. April 1810 zu einer halbjährigen Zuchthausstrafe mit 25 Prügeln zu Anfang und Ende verurteilt, und zum zweitenmal entlassen.

Bald danach kam er zum dritten- und letztenmal vor den Richter. Nach zweijähriger Untersuchungshaft wurde er am 24. März 1813 durch das Schwert zum Tode verurteilt.

Der Schwarze Jung

Der Schwarze Jung, oder Veltens Heinrich, der sich auch Johann Georg Gottschalk nannte

Wie der richtige Name vom Schwarzen Jung war und wer seine Eltern waren, wurde nie bekannt. Vor Gericht gab er den Namen Georg Gottschalk an, und daß er in Ilbenstadt in der Wetterau geboren sei. Seine Eltern will er nie gekannt haben. Nach diesen Angaben schloß das Gericht, daß er aus einem echten Gaunergeschlecht stamme.

Bei seiner Festnahme am 19. Okt. 1810 in Burg-Gemünden war er erst 25 Jahre alt. Trotz seiner Jugend hatte er schon den Ruf eines herzhaften, unverzagten Genossen. Bei Gefahren ging er stets voran. Angeblich soll sein Wahlspruch gelautet haben: „Ich will einst am Galgen sterben, und ich kann es noch weit bringen, bis ich dahin komme." Bei seinen Vernehmungen zeigte er sich angeblich als ein „verdorbener, grausamer, schadenfroher, boshafter, verstockter, verwegener und lügenhafter Mensch".

Bei einem seiner Überfälle trieb ihn sein roher Mutwillen so weit, daß er eine geknebelte Hausmagd auf einen Tisch legte, sie entblößte und mit einer Schuster-Aale in den hinteren Teil ihres Körpers stach.

Am 14. Mai 1812 wurden sieben dicke Bände über ihn zur Entscheidung an das Großherzogliche Hofgericht eingereicht und am 24. März 1813 sein Todesurteil durch das Schwert ausgesprochen.

Der Straßenraub bei Kleinrechtenbach anno 1809

Allerorten trieben zu Anfang des 19. Jahrhunderts Wegelagerer, Diebe und Räuber ihr Unwesen, sie überfielen den friedlichen Wanderer, der auf Messen und Märkte zog, bei Tag oder bei Nacht, stahlen, quälten und mordeten.

Am 21. Juni 1809 war in Wetzlar Markt, der auch von einer Tuchmacherfamilie aus Kleinrechtenbach namens Eisenhardt als Händler besucht wurde. Sie verkauften hier ihre Waren und kauften andere ein. Zur gleichen Zeit beschlossen elf Räuber unter der Führung von dem „Schwarzen Jung", diese Händlerfamilie auf ihrer Heimreise zu überfallen und zu berauben.

Als alles genau besprochen war, begann eine fieberhafte Tätigkeit. Einer brachte ein Schießeisen, Patronen wurden gegossen und aus Leinentüchern Knebel gefertigt.

Unter den Räubern befanden sich

1. Hessen-Heinrich, auch dicker Hessen-Hannes genannt
2. Schoden-Heinrich (Johann Heinrich Vogt)
3. Ludwig Funk, genannt der Sellnröder Ludwig
4. Scheeler Peter oder Heiden-Peter (Peter Görzel oder Gärtner)
5. Conrad Anschuh (Unschick) aus Rodheim
6. Überrheiner Wilhelm
7. Johann Adam Heußner
8. Martin Rupprecht, genannt Hessen-Martin
9. Johann Justus Diez
10. Johann Justus Holzapfel

Zwei der Spießgesellen wurden als Kundschafter nach Wetzlar geschickt. Am späten Nachmittag kehrten sie zurück und berichteten von einem Händlerwagen, der bald kommen müsse.

Vater Ludwig Eisenhardt ging vor dem Wagen her, die beiden Söhne Johannes und Philipp Eisenhardt folgten ihm. Der Vater wurde als erster mit vorgehaltenem Gewehr gestellt und mit Prügeln zu Boden geschlagen. Danach schleppten sie ihn ins Gebüsch, fesselten und beraubten ihn bei weiteren Stockhieben. 150 Gulden fanden die Räuber bei Ludwig.

Der Sohn Johannes, der dieses beobachtet hatte, wollte im ersten Augenblick fliehen, was ihm jedoch nicht gelang. Auch er wurde niedergeschlagen, geknebelt und beraubt. Bei ihm fand man 50 Gulden.

Philipp Eisenhardt erging es am schlechtesten. Er war ein großer, starker Mann und wollte sich befreien. Da zwei Räuber ihn nicht überwältigen konnten, kamen andere hinzu und schlugen ihn bis zur Bewußtlosigkeit. Danach wurde auch er geknebelt und beraubt.

Als er wieder zu sich kam, bewachte ihn Conrad Anschuh, während die anderen die Diebesbeute verstauten. Da er am Kopf aus mehreren Wunden stark blutete, bat er, seinen Kopf zu verbinden, was Conrad auch tat. Dem Verband verdankte Philipp das Leben, da er mit Sicherheit sonst verblutet wäre.

Der gesamte Überfall hatte etwa eine halbe Stunde gedauert. Danach packte jeder der Räuber einen Teil der Beute auf die Schulter, und sie verschwanden im nahe gelegenen Wald. In einer Diebesherberge in Münzenberg wurde der Raub geteilt, er hatte einen Gesamtwert von 2300 Gulden.

Die Händlerfamilie war durch diesen Überfall in tiefste Armut geraten, selbst ihren Wundarzt konnten sie nicht bezahlen. Die Amtskasse hatte die Bezahlung der ärztlichen Behandlung übernommen. Alle Beraubten erhielten auch aus der herrschaftlichen Kasse ein zinsloses Darlehen von etlichen hundert Gulden, aber ihr Geschäft kam nicht mehr richtig in Gang; ja selbst das Darlehen konnte nicht mehr zurückgezahlt werden.

Gegen die Räuber, die an dem Überfall teilgenommen hatten, ergingen folgende Urteile:

- Der Hessen-Heinrich wurde nach Mainz ausgeliefert;
- Görzel (Heiden-Peter) wurde im Alter von 30 Jahren im März 1813 durch das Schwert in Gießen hingerichtet;
- Überrheiner Wilhelm erhielt 16 Jahre Galeerenstrafe, soll aber bereits 1814 wieder auf freiem Fuß gewesen sein;

- Heußner verlor sein Leben durch das Urteil vom 20. Juni 1814 am 5. Nov. 1814 durch den Strang;
- Rupprecht wurde in Darmstadt 1814 mit dem Schwert hingerichtet;
- Diez kam im März 1813 in Gießen mit 24 Jahren durch das Schwert zu Tode.

Elegie des Heiden-Peter

Vier Wochen vor seiner Hinrichtung hat Heiden-Peter folgendes Gedicht verfaßt:

Elegie

Lang war ich schon im Qual h'rumgangen
Zu Obris'gheim nahm man mich gefangen,
Drauf mußt ich zur Stadt Hanau h'nein,
Dort mußt ich drey Wochen gefangen seyn.

Hier wollten sie nichts von mir wissen,
Und brachten mich nach der Stadt Gießen,
Man bracht mich vor des Richters Haus,
Hofgerichtsrat Grolman kam heraus.

Er ließ sogleich mich vor sich führen,
Und fing an mich zu examinieren,
„Peter Görzel, sagt ich, ist mein Nam',
Vor siebenundzwanzig Jahr auf die Welt ich kam."

Der Richter hört zu fragen auf,
Man führt mich durch die Stadt hinauf,
Und bracht mich in das Stockhaus h'nein,
Da mußt ich erst recht gefangen seyn.

Drauf gieng nun das Generalverhör an,
Ich stellt mich erst recht übel an,
Man sagt mir drauf „Bedenk dein Sünd!
Denn Reue öffter Gnade findt"!

Nun gab ich mich an das Bekennen,
That dießen und jenen Diepstahl nennen,
Dies dauert beinah ein Viertel Jahr,
Als mein Verhör geschlossen war.

Nun hab ich schon lang gesessen,
Meine letzte Speiß hab ich gegessen,
Drey Tag, drey Stund, vor meinem End,
Will ich empfangen mein Sacrament.

Stadt Gießen hat noch nicht erfahren,
Daß ein Mann von schier dreyßig Jahren,
Eine solch Straff empfangen hatt,
Von wegen seiner Missetat.

Das leidige Geld hat mich betrogen,
Den Arm zum Frevel mir gebogen,
Nun muß ich büßen meine Schuld,
Gott geb – s'geschehe mit Geduld!

Zwar hatt ich mich vom Stehlen abgegeben,
Und angefangen ein ander Leben,
Mich auch gestellt zum Guten ein,
Und dacht mein Sünden sollten verborgen seyn.

Morgen früh um halber zehen,
Werde ich zum Frühstück gehen,
Ihr seyd all geladen ein,
Ich werd selbst das Frühstück seyn.

Was werden Frau und Kinder sagen,
Wie werden sie dann um mich klagen,
Doch wenn ich alles recht betracht,
So habe ich mirs selbst gemacht.

Oh liebe gute zarte Jugend,
Ergebe dich doch früh der Tugend,
Ihr Eltern, hört die Bitte mein,
Erziehet eure Kindelein.

Glaubt mir in dießer letzten Frist,
An Zucht gar viel gelegen ist,
Hört Sünder laßt die Laster fliegen,
Und Teufels List euch nicht besiegen.

Jetzt steige ich die Himmelsleiter,
O Herr und Gott sei mein Begleiter,
Dich Jesu, Heiland ruf ich an,
Nimm meiner Seel dich gnädig an –
Oh – – – Amen!

Quelle: Grolmann, S. 564 ff.

Die Räuberbraut

An einem Bach, in einem tiefen Tale,
da saß ein Mädchen an einem Wasserfalle,
sie war so schön, so schön wie Milch und Blut,
von Herzen war sie einem Räuber gut.

Du armes Mägdelein, mich dauert deine Seele,
denn ich muß fort in meine Räuberhöhle,
wo wir dereinst so glücklich wollten sein,
jedoch es muß, es muß geschieden sein.

Nimm diesen Ring, und sollt dich jemand fragen,
so sollst du sagen, ein Räuber habe ihn getragen,
der dich geliebt bei Tag und bei der Nacht,
und der schon viele Menschen umgebracht.

Geh du nur hin auf eine grüne Wiese,
wo viele andre junge Männer sind.
Vielleicht kannst du mit einem glücklich sein,
ich aber muß in'n finstren Wald hinein.

Und wenn ich endlich, endlich komm zum Sterben,
so sollst du alles, ja alles von mir erben.
Ich setze in mein Testament dich ein,
nur du allein sollst meine Erbin sein.

(mündlich überliefert)

Die Räuber

Stehlen, Morden, Huren, Balgen
Heißt bei uns nur die Zeit zerstreun.
Morgen hangen wir am Galgen.
Drum laßt uns heute lustig sein.

Ein freies Leben führen wir,
Ein Leben voller Wonne.
Der Wald ist unser Nachtquartier,
Bei Sturm und Wind hantieren wir,
Der Mond ist unsre Sonne,
Mercurius ist unser Mann,
Ders Praktizieren trefflich kann.

Heut laden wir bei Pfaffen uns ein,
Bei masten Pächtern morgen;
Was drüber ist, da lassen wir fein
Den lieben Herrgott sorgen.

Und haben wir im Traubensaft
Die Gurgel ausgebadet,
So machen wir uns Mut und Kraft
Und mit dem Schwarzen Brüderschaft,
Der in der Hölle bratet.

Das Wehgeheul geschlagner Väter,
Der bangen Mütter Klaggezeter,
Das Winseln der verlaßnen Braut
Ist Schmaus für unsre Trommelhaut!

Ha! wenn sie euch unter dem Beile so zucken,
Ausbrüllen wie Kälber, umfallen wie Mucken,
Das kitzelt unsern Augenstern,
Das schmeichelt unsern Ohren gern.

Und wenn mein Stündlein kommen nun,
Der Henker soll es holen!
So haben wir halt unsern Lohn
Und schmieren unsre Sohlen.
Ein Schlückchen auf den Weg vom heißen Traubensohn,
Und hurra rax dax! gehts, als flögen wir davon.

Friedrich Schiller, „Die Räuber“, IV, 5

„Sieh', lieber Eduard, welch gemeines Volk! den ganzen Tag nichts als arbeiten!"

Der plötzliche Reichtum der armen Leute von Kombach oder der Postraub in der Subach

Der bekannteste und größte Raubüberfall in Oberhessen war ein Postraub, der von einheimischen Bauern aus Dörfern des „Hinterlandes“ (bei Biedenkopf) im Jahr 1822 ausgeführt wurde und als letzter großer Überfall in die Geschichte jener Zeit einging.

Auch hier, wie überall in Oberhessen, war die Armut der Landbevölkerung am Existenzminimum angelangt. Es gab außer Auswandern keine Möglichkeit, durch ehrbare Tätigkeit dieser Misere zu entfliehen. Das erlebten auch die Bauern von Kombach und Dexbach.

Sie wußten aber auch, wie gefährlich es war, einen Geldtransport zu überfallen. Doch einige überwanden ihre Angst und planten einen solchen Überfall. Nur so meinten sie, ihren Familien und letztlich auch sich selbst ein menschenwürdiges Leben zu ermöglichen.

Mehrmals im Monat fuhr das sogenannte „Geldkärrnchen“ von Gießen nach Gladenbach, um dort Briefe, Pakete und die herrschaftlichen und Privatgelder abzuholen und nach Gießen zu bringen. So auch am 19. Mai 1822.

Um 6 Uhr in der Früh fuhr der Postillon von Gießen ab und kam über Krofdorf und Rollshausen gegen 11 Uhr in Gladenbach an.

Um die Mittagszeit rollte das Geldkärrnchen voll beladen mit Briefen, Paketen und Wertsachen wieder zurück in Richtung Gießen. Der Postillon hatte vorne auf dem Wagen Platz genommen, während ein bewaffneter Landschütz, der von Gladenbach aus auch mitfuhr, auf dem Wagenende saß.

Sie waren etwa eine Stunde unterwegs, als sie auf kurhessischem Gebiet (kurz vor Krofdorf) in den Subach-Wald kamen. Von hier aus führte eine breite Straße bis in die Nähe von Kirchförs. Ab hier begann ein steiler, schlecht zu befahrender Hohlweg, der durch den Wald führte.

Der Postillon ging vor den Pferden her, und der Landschütz folgte dem Wagen, als sie von sieben maskierten Männern in der Schlucht überfallen wurden. Zwei der Maskierten überfielen den Postillon, vier andere hatten sich auf den Landschützen gestürzt, und einer kümmerte sich um die Pferde.

Der Postillon Müller wie auch der Landschütz Hamann wurden einige hundert Schritte mit Prügel- und Stockhieben in den Forst getrieben. Hier verband man ihre Augen, knebelte sie an Händen und Füßen mit der Bemerkung, daß einer Wache stehe. Sollten sie schreien, würde ihnen eine Kugel in den Kopf geschossen.

Jetzt machte sich die Bande über den Geldkasten her, brach ihn auf und verstaute das Geld in Büchsenranzen. Da die Beute jedoch sehr groß war, konnten sie nicht alles mitnehmen und versteckten einen Sack voll Geld in einer hohlen Eiche.

Als es ruhig geworden war, hörte Müller jemanden jammern und erkannte an den Tönen, daß es Hamann sein müßte. Er rief ihm zu, und sie beschlossen, daß Müller sich zu ihm wälzen sollte, um ihn von den Fesseln zu befreien, was auch gelang.

Vorsichtig und voller Angst liefen sie nach Rollshausen und meldeten den Überfall.

Die Verschwörer hatten sich in der Zwischenzeit alle in Kombach getroffen, wo das Geld geteilt wurde. Danach ging jeder seinen Weg nach Hause und versteckte das Geld ein jeder auf seine Art.

Es war jedoch nur eine Frage der Zeit, bis man ihnen den Überfall nachweisen konnte, wenn es auch dem Großherzoglich-Hessischen Hofgericht der Provinz Oberhessen zu Gießen unter Leitung des Untersuchungsrichters Danz sehr schwer fiel.

Danz ließ zunächst feststellen, wo jetzt im oberhessischen Gebiete auffällig große Summen Geldes von Leuten ausgegeben wurden, bei denen man es nicht vermutet hätte. Dabei kamen immer mehr Hinweise aus dem Dorfe Kombach, wo etwa der Sohn des verarmten Bauern Hans Jakob Geiz plötzlich das Brautgeld für die schon lange versprochene Hochzeit mit seiner Verlobten zahlen und eine große Hochzeit halten konnte.

Als immer mehr Verdachtsmomente zusammenkamen, ließ Richter Danz die Verdächtigen verhaften und nach Gießen in den Kerker bringen. Nach langen Verhören entschloß sich schließlich einer der Verhafteten namens Ludwig Acker zu einem umfassenden Geständnis. Er gestand, daß sie den Postraub schon im Herbst 1821 geplant und vor dem Überfall bereits sechsmal vorher versucht hätten, daß aber jedes Mal ein anderer Umstand den Überfall verhindert habe. Erst beim siebten Male, am 19. Mai 1822, hätten sie dann tatsächlich den Raub gewagt und die Subach bei Krofdorf gewählt, da diese ja auf kurhessischem Gebiete liege, so daß sie der Verfolgung durch die Hessen-darmstädtischen Gerichte zu entgehen hofften. Außerdem war dieser Ort des Überfalls etliche km von ihren Heimatdörfern entfernt, so daß sie kein Aufsehen zu erregen meinten, und durch seine Lage in einer Waldschlucht besonders für einen Überfall geeignet. Er nannte auch die Namen aller sieben am Überfall Beteiligten und einen Helfershelfer. Dieser war der Landschütz Volk. Ihm hätte man die Aufgabe zugewiesen, dem Landschütz, der den Geldtransport bewachen sollte, das Blei aus der Flinte zu ziehen. Folgende Namen gab er zu Protokoll:

David Briel von Dexbach
Hans Jakob Geiz von Kombach
Heinrich und Jakob Geiz (beide Söhne von H. J. Geiz)
Jost Wege von Wolfsgruben
Johannes Soldan von Kombach
Landschütz Volk
und sich selbst, Ludwig Acker von Kombach.

David Briel von Dexbach hatte sich aber sofort nach dem Überfall einen Hausierschein besorgt, den man ihm auch anstandslos gegeben hatte, da er einen Strumpfhandel betrieb und nicht verdächtig war. Er ging ins Ausland und wurde nie gefaßt. Der Landschütz Volk wurde nach Gießen in die Kaserne gebracht, wo es ihm gelang, sich selbst zu erschießen.

Auch Soldan endete als Selbstmörder, er hatte sich im Gefängnis erhängt.

Alle anderen fünf wurden nach zweijähriger Haft am 7. Oktober 1824 auf dem Marktplatz von Gießen durch das Schwert vom Leben zum Tod gebracht.

Straßenräuberlied

Angeblich ist es (Carl Vogt, Aus meinem Leben, S. 83) der 1824 hingerichtete Hans Jakob Geiz selbst gewesen, der in der berühmten Gießener Fuhrmannskneipe „Zum Hirschen“ ein Straßenräuberlied oft zum besten gab, das dort unter anderen auch Gießener Studenten hörten und lernten. Einer von ihnen war August Becker, der dieses Lied rund 15 Jahre später an einen jungen Kommilitonen weitergab, den Medizinstudenten Georg Büchner, der im Oktober 1833 im Seltersweg Quartier bezog. Als die demokratische Verschwörergruppe, der sich auch Büchner und Becker angeschlossen hatten, von Gustav Klemm, einem der Mitverschwörer, verraten wurde, nachdem ihr Flugblatt zum Aufstand gegen die Obrigkeit, „Der Hessische Landbote“, gedruckt worden war (1834), floh Büchner ins väterliche Haus nach Darmstadt, wo er im Januar/Februar 1835 in wenigen Wochen sein erstes Drama „Dantons Tod“ schrieb und in der 2. Szene des 1. Akts auch einen Teil des Straßenräuberlieds des 10 Jahre vorher enthaupteten Hans Jakob Geiz singen läßt.

Es gibt doch kein schöner Leben
In der ganzen weiten Welt,
Als das Straßenräuberleben,
Morden um das liebe Geld!
In den Wäldern umzustreichen,
Große Leute zu erreichen,
Fehlt es uns an Geld oder Kleid,
Bringen's uns die Wandersleut.

Kommt ein Herr dahergegangen,
Greifen wir ihn herzhaft an.
Mit sei'm Geld darf er nicht prangen,
Denn wir sind ein' Räuberband'.
Kommt eine Kutsche oder Wagen,
Tun wir sie nicht lange fragen,
Hauen, stechen, schießen tot:
Ist das nicht ein schön Stück Brot?

Sehn wir Galg' und Räder stehen,
Bilden wir uns herzhaft ein:
Einmal muß es doch geschehen,
Einmal muß gehangen sein.

So steigen wir aus dem Weltgetümmel
auf eine Leiter gegen Himmel.
Lassen uns vom Wind schwenken aus und ein,
Bis wir abgefaulet sein.

Wenn wir an den Galgen gehen,
Kommt uns gleich das Lachen an:
Wenn wir die dort oben sehen,
Einmal müssen wir auch dran.
Die da liegen in der Erden,
Von de' Würm' gefresse' werden.
Besser hangen in der Luft
Als verfaulen in der Gruft!

Quelle: Hans-Jürgen Fuchs, Hessisches Liederbuch, Wiesbaden 1985, S. 86 f.

Zeittafel

um 1500	erste Verfolgungen der nach Deutschland einwandernden Zigeuner
um 1560	die Pfluksche Raubritterbande begeht Überfälle in der Wetterau, um Wetzlar und Gießen
1618–1648	Dreißigjähriger Krieg
ab 1650	Beginn der Hexenverfolgungen in Oberhessen
1726	in Gießen Hinrichtung der Zigeuner- und Räuberbande des „großen Galantho", die mehrere Jahre lang Oberhessen unsicher gemacht hatte
1740–1748	Österreichischer Erbfolgekrieg
1755	Louis Mandrin (geb. 1724), der bekannteste französische Räuber, wird mit seiner Bande durch Verrat von einer Armee des Königs überwältigt und hingerichtet
1756–1763	Siebenjähriger Krieg
1768	Theresiana (österreichische „Halsgerichtsordnung")
1781	Friedrich Schiller, „Die Räuber"
1786	Friedrich Schiller, „Der Verbrecher aus verlorener Ehre" (das Leben des süddeutschen Räubers Friedrich Schwahn, 1729–1760)
1789	Beginn der Französischen Revolution
1792/93	Mainzer Republik
1796	Besetzung großer Teile Hessens und der Rheinlande durch französische Revolutionsheere
1797–1800	C. A. Vulpius, „Rinaldo Rinaldini, der Räuberhauptmann"
1800–1810	„Blütezeit" der oberhessischen Räuberbanden
1801	der „Wetzlarer Kongreß", der dem Räuberunwesen ein Ende setzen sollte
1803	der „Schinderhannes" (Johannes Bückler, geb. 1783 in Nahstätten/Taunus) in Mainz von den Franzosen hingerichtet; der „Fetzer" (Mathias Weber, geb. 1788), der bekannteste Räuber des Niederrheins, in Köln hingerichtet

1806/7	Napoleon besiegt Preußen und wird Herr über die meisten der 34 deutschen Staaten – systematischer Aufbau eines Polizeiwesens – der Landgraf von Hessen-Darmstadt wird zum Großherzog ernannt
1811	die „Hemsbach Affär" (Raubmord an zwei Kaufleuten durch „Hölzerlips", „Mannefrieder" und ihre Bande an der Bergstraße)
1812/13	in Gießen Hinrichtung zahlreicher oberhessischer Räuber
1813/14	Befreiungskriege
1814/15	Wiener Kongreß
1819	Odenwälder Bauernaufstand
1820	Aufhebung der Leibeigenschaft im Großherzogtum Hessen-Darmstadt
1822	der Postraub in der Subach (bei Krofdorf) durch die „armen Leute von Kombach"
1824	Hinrichtung des Johann Christian Woyzeck in Leipzig Hinrichtung der „armen Leute von Kombach" in Gießen
1830	„Blutbad von Södel" (in der Wetterau) nach einem Aufstand oberhessischer Bauern
1832	Hambacher Fest
1833	der „Frankfurter Wachensturm" wird von Johannes Kuhl verraten
1834	die „oberhessische Verschwörung" mit etwa 40 Beteiligten um Georg Büchner und Ludwig Weidig („Der Hessische Landbote") wird von Gustav Klemm verraten
1837	Tod Georg Büchners und Ludwig Weidigs

Quellenverzeichnis

Albach, Chr.: Der große Raubüberfall bei Wetzlar im Jahre 1809. In: Volk und Scholle. Zeitschrift des Landschaftsbundes Volkstum und Heimat. Landschaft Rheinfranken – Nassau – Hessen. 14. Jahrg. 1936, Heft 4, April 1936, S. 116 – 117.

Anrich, Gerold: Räuber, Bürger, Edelmann, jeder raubt so gut er kann. Die Zeit der großen Räuberbanden 1790 – 1803. Neunkirchen/Odenw. 1975.

Arnold, Hermann: Das Vagantenunwesen in der Pfalz während des 18. Jahrh. In: Mitteilungen des Historischen Vereins der Pfalz, Bd. 55 (1957).

Bach, A.: Räuberunwesen vor 100 Jahren. In: Lauterbacher Anzeiger, Nr. 19, 24. Februar 1926.

Bender, Heincarl: Der Straßenraub bei Kleinrechtenbach. Der „Schwarze Jung", der Schrecken des Hüttenbergs. In: Lieb Heimatland. Sonntagsblatt des Wetzlarer Anzeigers. 13. Jahrg. Wetzlar 1936, Nr. 45 – 47.

Benedict, Friedrich Christian: Das deutsche Gaunertum, Ralph-Suchier-Verlag, Wiesbaden.

Bethke, Martin: ... und im Wald da sind die Räuber: Bandenunwesen in der Kleinstaaterei. In: Hessische Heimat, Gießen 32 (1981) Nr. 17 vom 22. 8. 1981, S. 65 ff.

Bettenhäuser, Hermann: Räuber- und Gaunerbanden in Hessen. In: Zeitschrift des Vereins für Hessische Geschichte und Landeskunde. Band 75/76, 1964/65, S. 275 – 348, Kassel: Bärenreiter-Verlag, 1965.

Bilder aus dem Kriminalmuseum: Verlag: Mittelalterliches Kriminalmuseum, Rothenburg o. d. T., 1984.

Brakhage, Friedrich: Das Räuber- und Gaunerunwesen am Mittelrhein im ausgehenden „Ancien Régime". Wissenschaftliche Arbeit, Johannes-Gutenberg-Universität Mainz 1981.

Brakhage, Fritz: Räuber in Deutschland – Mythos und Realität. Regionalblatt 107/14, 8. Dez. 1983 und Regionalblatt 108/15, 15. Dez. 1983.

Brill, C. F.: Aktenmäßige Nachrichten von dem Raubgesindel in den Maingegenden, dem Odenwald und den angrenzenden Ländern. Darmstadt 1814/1815.

Czysz, Walter: Heinrich Anton Leichtweiß, Ein Bürgerleben im 18. Jahrh., Verlag: H. G. Seyfried, Wiesbaden 1983.

Diehl, Wilhelm: Die Herkunft des im Jahre 1726 zu Gießen hingerichteten „Studenten Velten". In: Hessische Chronik. Monatsschrift für Familien- und Ortsgeschichte in Hessen und Hessen-Nassau. 17. Jahrg. Darmstadt 1930, S. 46/47.

Dingeldein, Otto: Aus der Blütezeit des Räuberunwesens. In: Heimatblätter für den Kreis Büdingen, Beilage zum Büdinger Allgemeinen Anzeiger (Kreisblatt) Nr. 12, Dez. 1930, S. 49 – 51.

Dülmen, Richard van: Theater des Schreckens. C. H. Beck-Verlag, München 1985.

Esselborn, K.: Ein Mord im Dörsdorfer Pfarrhaus. In: Heimatblätter für den Kreis Alsfeld, Nr. 1, Februar 1933, S. 5 ff.

Franz, Carl: Der Postraub in der Subach: Begangen von acht Straßenräubern, von denen fünf am 7. Oktober 1824 zu Gießen durch das Schwert vom Leben zum Tode gebracht worden sind. (Nachdr. d. Ausg. Gießen 1825), Marburg 1978.

Fuchs, Hans-Jürgen: Hessisches Liederbuch, Hessendienst der Staatskanzlei, Wiesbaden 1985.

Georg, Walther: Räubergeschichten. Die Straßenräuberei in vergangenen Jahrhunderten in unserer Heimat. Die Schinderhanneszeit. In: Gelnhäuser Heimatjahrbuch 1972, S. 62 ff.

Göbel, Otto: Die Köddinger Maurersprache. In: Hessische Heimat. Aus Natur und Geschichte. Beilage zu Gießener Freie Presse, Nr. 24 vom 26. 11. 1960.

Grolmann, Friedrich Ludwig Adolf von: Aktenmäßige Geschichte der Vogelsberger und Wetterauer Räuberbanden und mehrere mit ihnen in Verbindung gestandener Verbrecher. Gießen 1813.

Grün, Helmut: Die Köddinger Maurersprache. In: Mitteilungen des Geschichts-und Altertums-Verein der Stadt Alsfeld, Beilage zur Oberhessischen Zeitung, 11. Reihe, Nr. 15.

Haß, Ulrike: Der plötzliche Reichtum der armen Leute von Kombach, Rowohlt-Verlag, Reinbek 1980.

Heiler, Carl: Von Zigeunern und Räubern in der Wetterau um 1720. In: Friedberger Geschichtsblätter. Herausgegeben im Auftrag der Stadt durch den Geschichts- und Altertumsverein, Band 9, Nr. 8, Friedberg: 6. 9. 1930, S. 113 – 118.
Der Räuberhauptmann Johannes la Fortun genannt „Hemperla“ und seine Bande im Lahntal 1718 – 1726. In: Land und Leute im Oberlahnkreis, Nr. 6, Weilburg 1930, S. 49 ff.

Henche, Albert: Räuberunwesen an der Unterlahn. In: Nassovia, Jahrg. 31, Wiesbaden 1931, S. 82/83.

Henrich, Fr.: Der Räuberhauptmann Jonas Hoos. In: Heimat im Bild, Beilage zum Gießener Anzeiger, Jahrg. 1936, Nr. 29.

Heymann, Hugo Friedrich: Von Diebs- und Bettelgesindel im 18. Jahrh. In: Hessische Heimat, Gießen 25 (1974), S. 54 ff.

Jäger, Otto: Räuber im hessischen Ohmtal zu Anfang des vorigen Jahrhunderts. In: Heimatblätter für den Kreis Alsfeld, Nr. 2, April 1930, S. 14 ff.

Klein, Diethard H.: Hessisches Hausbuch, Rombach, Freiburg im Breisgau 1982.

Kopečný, Angelika: Fahrende und Vagabunden, Wagenbach Taschenbuch – Berlin 1980.

Krausnick, Michail: Beruf: Räuber. Das abenteuerliche Leben des Mannefriedrich, Rowohlt-Verlag, Rheinbek 1978.

Küther, Carsten: Räuber und Gauner in Deutschland. Vandenhoeck u. Ruprecht, Göttingen 1976.

Lauterbacher Anzeiger: Die Räuber des Vogelsberges, Nr. 92, 17. Nov. 1886.
Räuberunwesen im Kreise Lauterbach und Nachbargebieten vor 130 Jahren, 10. 11. und 15. April 1943.

Lerch, Hans Günther: Tschü lowi... Das Manische in Gießen, Anabas-Verlag, Gießen [3]1986.

Michel, Georg: So Leut sein mir in Vogelsberg und Schlitzerland, Hermann-Schroedel-Verlag KG, Hannover 1964.

Niederhoff, E. Robert: Ein Räuber in der Wetterau. In: Hessische Heimat aus Natur und Geschichte Nr. 6 Gießen: 14. 3. 1962.

Oberhessische Zeitung, Mitteilungen des Geschichts- und Altertums-Vereins der Stadt Alsfeld, Beilage zur Oberhessischen Zeitung: Oberhessische Räuber vor hundert Jahren. Aus der „guten alten Zeit", Dritte Reihe, Nr. 4, ausgegeben den 22. 3. 1911, S. 25–30.
Eine Räuberhöhle im Nachbarkeis Ziegenhain, 26. 11. 1938.

Preuss, Dieter/Dietrich, Peter: Hölzerlips, Vom poetischen Leben des Odenwälder Räuberhauptmanns, Ravensburger Taschenbuch, Band 848, Ravensburg 1983.

Radbruch, G./Gewinner, H.: Das Gaunertum, Stuttgart 1951, IV. Ein Kapitel aus der Geschichte des Verbrechens, Material Nr. 18, S. 58 ff.

Röhrig, Tilmann: Mathias Weber, genannt der Fetzer, Arena-Verlag, Würzburg 1983.

Sandmann, Eugen: Der Wetzlarer Kongreß wider die Diebe und Räuber, 1801. In: Nassovia, 9. Jahrg. Wiesbaden 1908, S. 34/35.

Scherf, Walter: Räuber- und Landknechtslieder, Fischer Taschenbuch 2963, Frankfurt/M. 1981.

Scheuermann, Birgitt: Räubergeschichten. In: Hessische Heimat, Gießen 34 (1983) 3, S. 11/12.

Schmalz, Willi: Wetterauer Räuberbanden. In: Heimat im Bild, Beilage zum Gießener Anzeiger, 1978, Nr. 36.

Sippel, Heinrich: Anno Dazumal: Berichte, Bilder und Notizen aus Schlitz (Schlitz im Spiegel der Geschichte, Heft 5), Guntrum Verlag, Schlitz 1981.

Stadtverwaltung Lollar (Hrsg.): 1200 Jahre Salzböden. Gießen 1975, Der Schinderhannes in Salzböden, S. 159 ff.

Wallbrach, Carl: Ein Räuberbandenprozeß vor 200 Jahren in Gießen. In: Heimat im Bild, Beilage zum Gießener Anzeiger, Jahrg. 1926, Nr. 45, S. 177–179.

Zitzer, G.: Gauner und Landstreicher um das erste Viertel des vorigen Jahrhunderts im Rhein-, Main- und Lahngebiet. In: Nassovia, Jahrg. 31, Wiesbaden 1931, S. 88–90.

Abb. Seite 115

Am Marktplatz der Stadt Alsfeld, an der Ecke des Weinhauses, ist heute noch der Pranger erhalten.
In früherer Zeit stellte man vielerorts die Missetäter zum Gespött aller an den Pranger, einen Schandpfahl oder Schandstein im Mittelpunkt der Stadt. Der auf dem Bild ersichtliche Eisenring an der Kette wurde den Missetätern um den Hals gelegt. „Jemanden an den Pranger stellen" – diese aus dem Mittelalter stammende Redensart ist auch heute noch geläufig. *Foto: Georg Eurich*

Pranger
Marktplatz

Nun laßt uns singen
Volkslieder aus Oberhessen
Ausgewählt, zusammengestellt
und herausgegeben von Wolf Dietrich,
Hans-Jürgen Fuchs, Barbara Kupisch,
Karin Neeb und Reinhold Neeb
Brühlscher Verlag